Wilhelm Medicus

Die niedere Tierwelt im Dichter- und Volksmunde

Wilhelm Medicus

Die niedere Tierwelt im Dichter- und Volksmunde

ISBN/EAN: 9783743473492

Hergestellt in Europa, USA, Kanada, Australien, Japan

Cover: Foto ©ninafisch / pixelio.de

Weitere Bücher finden Sie auf **www.hansebooks.com**

Die niedere Thierwelt

im

Dichter- und Volksmunde.

Von

Dr. Wilhelm Medicus,
Verfasser von „Das Thierreich im Volksmunde".

--->*<---

Leipzig.
Verlag von Fr. Thiel.
1882.

Vorwort.

Dieses Werkchen bildet einen Nachtrag zu „Thierreich im Volksmunde" und will ganz im selben Sinne aufgefaßt sein. Auch hier befaßt sich der Humor theilnahmsvoll und in überwiegend poetischem Gewande mit menschlichen Schwachheiten. Wenn man diese Charakterbilder aus der niedern Thierwelt mit denen aus der höheren vergleicht, so können sie der Natur der Sache nach nicht mehr so umfangreich sein, und doch finden wir unter diesen kleinen Wesen zu unserm Erstaunen immer noch ganz ausgeprägte Charaktere. Auch mit ihnen beschäftigt sich noch vielfach und gern das Volk im engern Sinne des Worts, mit einigen aber noch mehr die Dichter und Belletristiker. Bei etlichen darf der Verfasser wohl die Devise des Hosenbandordens anrufen: Hony soit qui mal y pense.

Kaiserslautern, September 1881.

Dr. W. Mebius.

Inhalt.

	Seite
Die Würmer	1
Raupe, Puppe, Schmetterling	7
Wespe, Hummel, Horniffe, Biene, Ameise	11
Die Fliege und Mücke	17
Die Spinne	23
Die Grille	26
Die Motte	30
Der Floh	32
Die Laus	34
Der Krebs	37
Die Schnecke	41
Die Perle	45
Citaten- und Sentenzen-Register	49

Die Würmer.

a der Ausdruck Wurm in der thierischen Rangordnung noch am weitesten hinaufreicht, so mögen die Würmer den Anfang machen. Nach der alten kindlichen Vorstellung heißt ja Wurm alles Kriechende, sogar Schlangen und Drachen.

         Der feige Wurm,
  Der Even tückisch einst den Apfel reichte

eifert der Dichter Kosegarten gegen die paradiesische Schlange. Auch Schiller nennt seinen Drachen einen Wurm und mit beliebter abenteuerlicher Verstärkung einen „Lindwurm", da wo tausend Stimmen laut werden:

  Das ist der Lindwurm, kommt und schaut,
  Der Hirt und Heerden uns verschlungen!

  Früher war in München an der Ecke der Weinstraße und des Schrannen- oder Marienplatzes ein Lindwurm abgemalt, welcher jedoch leider von der Kultur weggeleckt worden ist. Jetzt fürchtet sich niemand mehr vor solch einem imaginären Ungeheuer, und ist er gleich dem schrecklichen Löwen ganz respektwidrig zum Wirthshausschilde degradirt worden: „Trat er in die Thür des Lindwurms", erzählt Freytag in der Verlorenen Handschrift von einem Wirthsgaste.

  Ganz allgemein heißt man Würmer die Räupchen und Larven von Insekten, welche im Innern von Blüten, Früchten und Knospen, oft unbemerkt sitzen und nagen und sie zerstören. Daher stammen eine Menge sehr gebräuchlicher und im Ganzen ernsthafter, ja wehmüthiger Bilder. Goethe beklagt, daß „Werthers Jugendblüthe vom tödtlichen Wurm gestochen war" und „den zehrenden Wurm jeder Geistesblüthe" erkennt ebenso Schiller in einer düstern Schwermuth. Shakespear nennt Gram „der Schönheit Wurm." Maria Stuart jammert in ihrer letzten Beichte, von Gewissensbissen über die Ermordung ihres Gatten gefoltert, mit biblischer Streifung:

> Streng büßt' ich's ab mit allen Kirchenstrafen,
> Doch in der Seele will der Wurm nicht schlafen!

Auch Bismarck spöttelte einmal im Reichstage über „die Würmer, die nie sterben können." „Daß der Wurm des Gewissens mich um mein letztes Gebet bringe", mit diesen Worten wehrt unter demselben Bilde, Franz Moor's Kniee umfassend, der alte treue Daniel die Zumuthung des Bösewichts von sich, seinen von ihm auch in der Verkleidung erkannten Bruder Karl aus der Welt zu schaffen. „Ich habe den quälenden Wurm in meinem Herzen genährt" seufzt Chamisso, und derselbe anderswo: „dieser Tadel ist der Wurm, der das Herz mir frißt."

* Einen von Würmern angenagten Apfel heißen wir einen „wurmstichigen oder wurmfräßigen" Apfel, was wieder leicht zum Bilde wird:

> Wurmfräßig sind die Zeiten

spöttelt Geibel mit der ewig wiederkehrenden Klage um die gute alte Zeit.

In etwas anderm Sinne, von einem außen in feindlicher Zerstörungswuth nagenden Thierchen gemeint, lautet ein Seufzer in Tieck's Don Quixote: „O Neid, du nagender Wurm der Tugenden!"

Mit dem Vorigen verwandt, aber viel harmloser ist das Sprüchwort: „Jeder hat seinen Wurm", welches Goethe dichterisch verwerthet hat zu einem Spruch in Reimen:

> Noch spuckt der Babylon'sche Thurm,
> Sie sind nicht zu vereinen!
> Ein jeder Mensch hat seinen Wurm,
> Kopernikus den seinen.

Von dem gutmüthigen, leichtsinnigen Geldverleiher sagt ein anderer Vers im Volksmunde:

> Wer borgt ohne Bürgen und Pfand,
> Dem sitzt ein Wurm im Verstand.

Aber auch diese Bedeutung geht allmälich ins Schmerzliche über. Schon Kant docirt in seiner Anthropologie: „Was man einen Wurm nennt, ist mehrentheils ein an Wahnsinn grenzender Hochmuth" und förmlich einen im Gehirne bohrenden Wahnsinn hat wieder Freitag im Auge, wo er von jemandem erzählt „der den Wurm in der Hirnschale mit sich herumträgt."

An etwas ewig Nagendes denkt auch Musäus, welcher ihn wohl erfunden hat, bei dem Ausdrucke „Hungerwurm", wenn er in einem seiner Märchen übertreibt: „Der Hungerwurm dehnte sich achtzehn Ellen lang durch die leeren Gedärme und erregte im Grimmdarm unangenehme Empfindungen." Spaßhafte Hausfrauen lamentiren von altem Zeug und Kleidern, wo kein Stich mehr hält und alles ausreißt: „Der Reißwurm ist darin." Und wieder

ernsthaft spricht Eichendorff von einem „Todtenwurm": Das ist ein altes Haus
(Geschlecht), aber „der Todtenwurm pickt schon darin"; er hat hiebei wohl
an den Käfer gedacht, dessen im Holz pickende Larve der Aberglauben Todten-
uhr genannt hat.

So sagen wir auch „wurmen", zunächst von Magenaffektionen, welche ja
direkt von Würmern herrühren können, was Droysen schon wieder bildlich
verwendet, wenn er in seinem Aristophanes von gewissen Bürgern berichtet:
„Sie machten immer dem Staatskörper einiges Knurren und Wurmen im Leibe."
Besonders aber meinen wir darunter etwas, das wie ein nagendes oder
kribbelndes Gewürm am Herzen wirkt. „Das wurmte und nagte an seinem
Herzen", heißt es vom Müller in Horn's Schmiedjakob, wo er wegen angeblich
ausgerissener Malsteine zum erstenmal in seinem Leben vor Gericht kommen
soll. „Das wurmte beim alten Karl" bramarbasirt Gianettino Doria, da er
dem Kaiser vorgetragen, daß Frankreich in Genua noch starke Parteien hätte,
die es ihm in die Hände spielen könnten. „Es wurmt und ärgert ihn", singt
in seiner derben Komik Blumauer, und Chamisso:

> Was er fortzutragen die Kraft hat, minder ihn freut,
> Als was er liegen muß lassen, heimlich ihn wurmet und reut.

H. König erzählt in Von Saalfeld bis Aspern: Er gewann einige Fassung,
die dem „noch fortwurmenden Verdrusse etwas von Humor beimischte." Heine
gebraucht das verkleinerte „würmeln", wo er von Börne sagt: Sobald die
Tageskritik an seinen Werken „würmelt und nagt" u. s. w.

Minder gebräuchlich ist mehr in etwas anderer Bedeutung und mit fremd-
artiger Endung „wurmisiren", wie z. B. Tieck beides in Verbindung anwendet:
„In meinem Vater wurmt und arbeitet seit einigen Tagen etwas ganz Besonderes .. Er wurmisirt gern, vielleicht denkt er auch an seine chemischen
Arbeiten."

Lessing hat auch noch das veraltete „wurmisch" für eine solche Stimmung,
wo einen etwas wurmt; der Tempelherr sagt zu Nathan über dessen kalten
Empfang:

> Ihr wißt ja, was mich wurmisch machte! was
> Mein Blut in allen Adern sieden machte!

In ihrem Wesen erscheinen die Würmer als kleine, schwache, jämmerliche,
niedrige Geschöpfe, und hievon handeln einige sehr bekannte Sprüchwörter,
als: „Wenn man den Wurm tritt, krümmt er sich" und ähnliche, dann „auch
der Wurm hat seine Galle", alles in dem Sinne: Auch der Wehrloseste will
und soll nicht unrechter Weise beleidigt oder mißhandelt werden.

„Sich krümmen und winden wie ein Wurm" sagen wir von einem
Menschen auf dem Gipfel des Schmerzes und Jammers; in Wilhelm Meisters
Lehrjahren erzählt Natalie von Mignon, welche selbst die Qualen ihrer Eifer-
sucht geschildert hat: „Das gute Geschöpf wand sich wie ein Wurm an der

Erde." Fausten, der den Anblick des Geistes nicht ertragen zu können gesteht, ruft dieser zu:

> Bist du es, der von meinem Hauch umwittert,
> In allen Lebenstiefen zittert,
> Ein furchtsam weggekrümmter Wurm!

Mit heimlichem Neide singen in Ramler's Fabel die Hirsche:

> Wie leicht, wenn Jäger uns entdecken,
> Kann solch ein Würmchen sich verstecken!

wo unter Würmchen der Hase gemeint ist.

In Fausts emphatischem Hülferuf an die Gottheit, dem ihn immer mehr umgarnenden Mephistopheles gegenüber: „Wandle den Wurm wieder in seine Hundsgestalt!" wird nun umgekehrt Mephisto ein Wurm genannt.

Besonders heißen wir „Wurm, Würmchen" ein armes hülfloses Kind: Wie alt wurde er denn, „der kleine Wurm?" frägt jemand bei Gutzkow. Immermann erwähnt in seinem Münchhausen einen „armen Wurm", der kümmerlich mit Lumpchen bekleidet war. „Das arme Würmchen selbst zu tränken", daran konnte Gretchens Mutter nicht denken, weil sie von einer Krankheit noch zu elend war. „Möge Gott das arme Würmchen Brod finden lassen!" seufzt bei der Geburt eines neuen Kindes ein gering besoldeter Beamter, dessen Frau überdies das Sparen nicht versteht.

„O der armen Gewürme!" seufzt das gute Herz in Karl Moor über die Kranken, Greise und Kinder, welche bei der Niederbrennung des Ortes zu Grunde gingen, den die Räuber in Brand gesteckt hatten, um Roller vom Galgen zu erretten. Kohl fühlt sich auf seiner Petersburger Reise lebhaft ergriffen von dem Anblick „all dieses kleinen, schreienden, hilflosen Menschengewürmes" u. s. w.

Wie tief der Wurm in der allgemeinen Anschauung steht, hat besonders warm und demüthigend Faust empfunden, wo er in der Osternacht zerknirscht ausruft:

> Den Göttern gleich' ich nicht! Zu tief ist es gefühlt;
> Dem Wurme gleich' ich, der den Staub durchwühlt,
> Den, wie er sich im Staube nährend lebt,
> Des Wandrers Tritt vernichtet und begräbt.

An das Leben und Weben im Staube von Akten und Büchern denken wir auch bei den Ausdrücken „Akten- und Bücherwurm," wie z. B. Gutzkow seinen Herrn Bartusch als einen „erschrockenen, grauen Aktenwurm" schildert. Und ein „Bücherwurm," wie man ihn malt, war jener bekannte Münchner Professor, welcher auf der Straße in einem Buche lesend an einen Heuwagen gelangte, der gerad vor einem Hause hielt, und nun in seinem Buche immer weiter fahrend, so lange vor dem Wagen stehen blieb, bis derselbe abgeladen war und alsdann wegfuhr, so daß die gerade Linie zur Fortsetzung des gelehrten Spazierganges wieder frei wurde.

Es gibt gar nicht viel einheimische Würmer, die drei bekanntesten sind der Regenwurm, der Bandwurm und der Blutegel. Auf den Regenwurm, der nur als Fischköder einigen Werth besitzt, ist die allgemeine Verachtung von Seinesgleichen übergegangen. Faust, welchem das an der Erde klebende Wesen seines Famulus ein Räthsel ist, ruft verwundert:

> Wie nur dem Kopf nicht alle Hoffnung schwindet,
> Der immerfort an schalem Zeuge klebt,
> Mit gier'ger Hand nach Schätzen gräbt
> Und froh ist, wenn er Regenwürmer findet!

Besonders spöttisch traktirt unsern Regenwurm die Volksfabel: „Nur nicht so ängstlich! sagte der Hahn zum Regenwurm, da verschlang er ihn." Und das stoische Gegenbild: „Es geht in einem dahin, sagte der Regenwurm, als ihn der Hahn verschluckte."

In seinem Briefwechsel mit Goethe wendet Zelter das vom Fischköder entlehnte Bild an: „Mit dem Regenwurm, der so glatt hinunterzugehen scheint, eine Angel hinunterschlucken."

Von dem Bandwurme kennt Jedermann die schmale, bandförmige Gestalt und weiß auch, warum ärztliche Marktschreier ausschreiben: Bandwurm mit Kopf heilt oder entfernt ohne jede Vorkur innerhalb zwei Stunden vollständig gefahr- und schmerzlos, unterzeichnet z. B. H. Wilke, Berlin, Dresdenerstr. 14. Wird nämlich der Kopf nicht abgetrieben, so wächst der Bandwurm stets wieder nach und erneuert sich. Auf diesen eigenthümlichen Umstand bezieht sich Comellin's halb sprüchwörtlicher Ausdruck, welchen er gebrauchte, als ihm Giannettino Doria am Ende eines Dutzends zu mordender Senatoren Joseph Verrina, den unbeugsamen Republikaner, nennt: „Das war der Kopf des Wurms." Börne schildert den sich stets erneuernden Regen der Ordensbänder in dem spöttischen Wortspiele: „wie sich der abgetriebene Bandwurm immer wieder erneuert." Wenn ein Redner ellenlange Manuskripte aus dem Sacke zieht, so erklären wir sie mit Schaudern für einen Bandwurm, und wenn er zum zweiten, dritten Male an demselben Thema anhebt, so finden wir darin mit noch gesteigerten Gefühlen etwas „Bandwurmartiges." Jean Paul treibt, da ein Bandwurm als ungebetner, unsichtbarer Gast am Mahle seines Herbergvaters theilnimmt, die Ungalanterie so weit, zu behaupten, „daß es keinen mehr zehrenden Bandwurm gibt als eine Hausfranzösin."

Der Blutegel ist zum Sinnbilde blutsaugender Menschen geworden, deren modernste Repräsentanten die Wucherer und Pfandverleiher sind. „Die sich wie Blutegel in Seelen einbeißen, das Gift aus dem Herzen schlürfen und an die Behörde speien" so schildert der Mohr im Fiesco die Spione.

> Gleich dem Egel, der
> Nicht abläßt, bis er voll ist

spinnt Wieland den Vergleich weiter. K. Vogt in Ocean und Mittelmeer tröstet sich bei einem Kassensturz: „Wenn im nächsten Jahre mein Blutegel, genannt Wittwenkasse, gesättigt von mir abgefallen sein wird." In einigen Gegenden Deutschlands hat der Steuerzahler Galgenhumor das Sprüchwort erfunden: „Wer sich Accisoren setzen läßt, braucht keine Blutegel."

Zum Schlusse des Abschnittes von den Würmern warnt der Verfasser wohlmeinend Leser und Leserinnen, wenn sie je mit ihm zusammentreffen sollten, sich nicht auf Beantwortung verfänglicher Fragen einzulassen, weil er, wie er selbst gestehen muß, immer darauf aus ist „fremden Leuten die Würmer aus der Nase zu ziehen!"

Raupe, Puppe, Schmetterling.

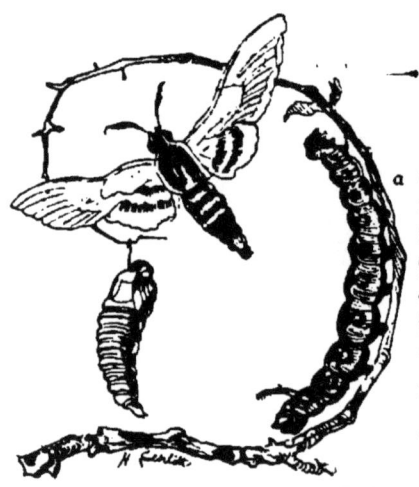

Da das Volk auch die Raupen zu den Würmern zählt, so sollen sie jetzt folgen. Was in der Ueberschrift genannt ist, sind bekanntlich drei Verwandlungsstufen ein und desselben Insekts, und wir wollen sie dem Leser auf poetischem Wege ins Gedächtniß rufen. Rückert singt:

 Wie in der Jugend auch als Raupe kriecht,
    im Alter
 Die blüthenreiche Schwing' entfaltet der Zwie-
    falter.

Wieland dichtet von der Seele:

 Bis sie, dem Wurme gleich, der in der Sommerluft
 Auf neuen Flügeln sich erhebet,
 Dem Stoff sich ganz entreißt und ihres Körpers Gruft,
 Zur Göttin wird und unter Göttern lebet

— der Schmetterling, das alte hehre Sinnbild der Unsterblichkeit — und Psyche, die verkörperte Seele, wird mit Schmetterlingsflügeln abgebildet. Am vollständigsten hat Goethe das Bild ausgemalt als Symbol eines sich entwickelnden edlen Menschen, in dem Ilmenau überschriebenen Gedichte:

 Wer kann der Raupe, die am Zweige kriecht,
  Von ihrem künft'gen Futter sprechen?
 Und wer der Puppe, die am Boden liegt,
  Die zarte Schale helfen durchzubrechen?
 Es kommt die Zeit, sie drängt sich selber los
 Und eilt auf Fittigen der Rose in den Schooß!

Das nämliche Bild aller drei Stufen gebraucht der Nämliche in seinem Tagebuche auf der Schweizerreise von dem damals in Vergleich mit Frankreich noch auf einer niedrigern Stufe der Freiheit stehenden Südlande: Nach Italien habe ich keine Luft, ich mag „die Raupen und Chrysaliden (d. i. Puppen) der Freiheit nicht beobachten; weit lieber möchte ich die ausgekrochenen französischen Schmetterlinge sehen." Hier wird auch „Raupe" noch in einem ziemlich guten Sinne gebraucht, sonst aber erscheint von diesem Dreigespann die Raupe als die häßlichste, schädlichste und daher verachtetste Gestalt.

Fangen wir wieder mit der eigentlichen Bedeutung an, so klagt schon Joel prophetisch: „Was die Raupen lassen, das fressen die Heuschrecken, und was die Heuschrecken lassen, das fressen die Käfer." Hieraus haben sich Sprüchwörter gebildet, wie in umgekehrter Reihenfolge: „Was den Käfern entrinnt, fressen die Raupen," wer den Typhus glücklich überstanden hat, stirbt an der Schwindsucht.

Auch ganz bestimmte Arten von Raupen werden zum Sinnbilde des Schädlichen genommen, wie die als Zerstörerin der Kiefernwaldungen den Förstern wohlbekannte Kienraupe. Tieck vervollständigt unsere kürzliche Schilderung eines Bücherwurms, indem er ihn apostrophirt: „O du verlesener Mensch! Kienraupe der Bibliotheken! Verwüster der Schriften!"

Wenn man alsdann Mittel gegen solche schädliche Raupen anwendet, so muß man, wie überall, mit jenem unter den sieben griechischen Weisen wissen: Maß zu halten ist viel — „der Raupen wegen darf man den Baum nicht umhacken."

Auch der Hochmuth wird unter dem Bilde der Raupe gestraft mit dem sprüchwörtlichen ironischen Zurufe: „Rühme dich, Räuplein, dein Vater war ein Kohlwurm!" woraus man zugleich ersieht, daß dem Volke der ewige Kreislauf der Verwandlungen von der Raupe bis wieder zur Raupe gar nicht so unbekannt ist.

Folgerichtig wird die Raupe zum Bild für einen garstigen, widerwärtigen Menschen, ähnlich wie die Spinne, an die wir später kommen werden. So poltert jemand in einem Romane Spindler's: Nimm den Bauer an den Ohren und wirf ihn hinaus! „Die Raupe soll uns in Frieden lassen"; und schon früher war dort einmal der Peter „die garstige Raupe" gescholten.

Nach einer andern Seite hin stimmt unsere Raupe mit ihren Kamerädinen, der Grille und Motte, in der bildlichen Bedeutung von einem wunderlichen Einfall überein. „Alle Raupen, die ein Mensch im Kopf haben kann" sagt mit komischer Steigerung Spielhagen, der gegenwärtige Herausgeber der Westermann'schen Monatshefte.

Die nützlichste nicht nur unter Ihresgleichen, sondern unter allen Insekten ist unter dem Namen „Seidenwurm" die bekannte, von Maulbeerblättern lebende Raupe geworden durch die Seide, jenes wundervolle Gespinnst, womit sie sich beim Einpuppen umhüllt. Wie wohl das Volk die ganze Entstehungsgeschichte der Seide kennt, beweist das Verschen:

> Mit Geduld und Zeit
> Wird aus dem Maulbeerbaum ein Seidenkleid.

Die Seide, unter allen Stoffen der feinste, ist denn auch von jeher hoch in Ehren gehalten worden: „mit Seide näht man keinen groben Sack" lautet eine Umgangsregel bei Goethe, Feinheit und Höflichkeit ist einem Groben gegenüber nicht am Platz. Seide und Sammt sind die Kleider reicher Leute:

> In Sammet und in Seide
> War er nun angethan

singt Mephistopheles in dem nagelneuen Liede von des Königs großem Floh. Der Verfasser dieser Zeilen kann kühnlich behaupten, daß er mit seinen schriftstellerischen Arbeiten „noch nicht viel Seide gesponnen habe."

Die zarte Seide ist ein Muster von Weichheit, und mit feiner Galanterie singt Herwegh von seiner sparsamen Schönen:

> Die weiße Hand das Einzige von Seide

und für „ihre seidene Hand" schwärmen ebenmäßig Klinger's Zwillinge.

Hier muß auch Tasso's unvergleichlich schönes Bild Platz finden, womit er seine ihn zur tödtlichen Melancholie hinabziehenden dichterischen Träumereien zu rechtfertigen sucht:

> Verbiete du dem Seidenwurm zu spinnen,
> Wenn er sich schon dem Tode näher spinnt!

Goethe läßt seine Frage:

> Warum magst du gewisse Schriften nicht lesen?

folgendermaßen beantworten:

> Das ist auch sonst meine Speise gewesen,
> Eilt aber die Raupe sich einzuspinnen,
> Nicht kann sie mehr Blättern Geschmack abgewinnen.

Gutzkow schwärmt von „Fäden, in denen das Herz sich einzuspinnen liebt." Gewisse Raupen spinnen Haare, Erdkrümchen und andere fremde Gegenstände mit in ihr Gespinnst hinein; in diesem Sinne erzählt Goethe in Wahrheit und Dichtung von einem neuen Ankömmling: Sorglos in der Gegenwart eines Mädchens, das schon versagt.. ließ er sich ruhig gehen, war aber bald dergestalt „eingesponnen und gefesselt" u. s. w. Der letzte Ausdruck führt uns auf die Bedeutung von „einspinnen" in der Studenten- und Gaunersprache, wo es so viel heißt als hinter Schloß und Riegel stecken: ein Ausdruck, der jedem Gefängnißbeamten und sogar Hausgeistlichen geläufig ist.

Wenn die Raupe sich einspinnt, so puppt sie sich auch ein, sie verpuppt sich, sie regt sich nicht von der Stelle und beginnt einen Akt des Stilllebens, während welches der Außenstehende nicht zu erkennen vermag, was darin

steckt. In solchem Sinne tadelt Platen eines philosophischen Liebhabers Vorsatz, sich
> in platon'scher Liebe
> Hirngespinnsten einzupuppen.

Ein Offizier, wenn auch „verpuppt in einen Fischer", erzählt Goldammer in den Völkerbildern aus Lithauen. Zschokke bedauert halb ironisch einen ungeschliffenen Edelstein: „Du in eine Spießbürgerlarve durch dein Schicksal verpuppter!"
Den leisen Anfang des nächsten Aktes der Verwandlung
> das erste Flügelregen
> Des Falters in der Puppe Schooß

besingt in schönem Bilde Geibel, und Tieck wendet die zunächst wieder vom Seidenwurm und seiner der Entwicklung entgegenstrebenden Puppe entlehnte Metapher an „sich als eingepuppter Schmetterling durchbeißen." Kohl auf seiner Petersburger Reise malt so die gefrorene Newa: „Den ganzen Winter lag die schöne Flußnymphe im Eise verpuppt. Ihre Entpuppung" fährt er weiter, und mit diesem Worte kommen wir voll auf die nächste Verwandlungsstufe. „Wie frömmelnde Richtungen sich oft weltlich entpuppen!" freigeistert Gutzkow. Das Versailles, „zu dem sich ihre alte, räucherige Stadt auf einmal entpuppt hatte" so schildert Prutz im Musikantenthurm den Aufschwung des altersgrauen Städtchens, und Schücking erzählt gar in seiner Sphinx von Leuten „die sich aus Klerikern in rothglänzende Lieutenants entpuppten."

Nun der aus der Puppe geschlüpfte, gaukelnde Schmetterling, das Urbild der Flatterhaftigkeit:
> Haschet das Vergnügen,
> Diesen Schmetterling,
> Der sich auf den Blüthen
> Unsres Lebens wiegt

lautet Tiedge's tändelnde Vorschrift über Lebensgenuß, und Bürger beneidet einen, der offenbar diesen weisen Rath befolgt, in dem Ausrufe: „O was haben Sie, Schmetterling, gegen mich Packesel es gut!" Besonders aber wird Unbeständigkeit in der Liebe unter diesem Bilde gegeißelt: „Ein Schmetterling schweift er um Zwanzig zugleich" rügt Müllner ein solches Peterlein auf allen Suppen; und der alte Dichter Gotter wirft gar die ungalante Frage auf:
> Welch Mädchen ist kein Schmetterling?

Wespe, Hummel, Horniſſe, Biene, Ameiſe.

Jedermann iſt die ſchwarzgelbe Wespe bekannt mit ihrer ſchlanken Taille, oder wie man in der Naturgeſchichte ſagt, ihrem geſtielten Hinterleib, und mit ihrem empfindlich ſchmerzenden Stachel. „Eine Taille muß ſein wie bei einer Wespe" wird in Gutzkow's Rittern vom Geiſt verlangt, und dieſe „Wespentaille" iſt nicht bloß das Ideal jeder Franzöſin, ſondern auch deutſcher Lieutenants. Sumſend fliegen dieſe Thierchen Obſt, Trauben und allen Süßigkeiten bis in die Zimmer und Zuckerläden nach, und

> Die ſchlechtſten Früchte ſind es nicht,
> Woran die Wespen nagen

wie es die beſten Käſe ſind, welche von den Mäuſen angefreſſen werden. Aus dieſer kurzen Schilderung werden die an das Thier geknüpften Bilder leicht verſtändlich.

> Eher gäb' ich auch mein Leben
> Hin, eh dieſe fremden Wespen
> Zehren ſollen unſre Beute

ſchwört Cid dem König Fernando, wo er ihm widerräth, ſich dem deutſchen Kaiſer zu unterwerfen. „Wie weit eine erboſte poetiſche Wespe die Rache zu treiben fähig," ſagt mit Anſpielung auf den giftigen Wespenſtachel Wieland im „Aristipp" von einem komischen Dichterling, welcher aus Rache für Lais' Verschmähung ein höchst boshaftes Spottgedicht unter dem Titel Anti-Lais verfaßt hatte.

Lessing, indem er an den ein Versteck bietenden Bau der Wespen, Hummeln und ihrer Verwandten denkt, spottet in einem Federkriege: „Endlich lassen die großen Wespen sich doch auch aus dem Loche schrecken; die götting'sche sumset nicht so arg als sie zu stechen droht," und über solche „Wespenstiche" als boshafte, empfindliche Beleidigungen der Widersacher beklagt sich abermals Wieland im Attischen Museum.

Da Wespen in der Regel stark genug sind, um sich aus einem Spinnennetze, in das sie gerathen sind, leicht loszumachen, so gibt unter diesem Bild Goethe den Gasthofwirthen mit ihren unverschämten Bougierechnungen einen wohlverdienten Hieb, wenn er in Wahrheit und Dichtung von seinem Vater erzählt, in dem Thore eines Gasthofs glaube er immer „ein großes Spinnengewebe ausgespannt zu sehen, so künstlich, daß selbst die privilegirten Wespen nicht ungerupft herausfliegen können."

Uebrigens hofft der Verfasser, daß er mit seiner Bemerkung über die Wespentaille nicht am Ende gar „in ein Wespennest gestochen habe."

Als ein ähnliches Ungeziefer erscheint die Hummel, welche dafür bekannt ist, Bienen den mit Mühe und Fleiß von ihnen eingetragenen Honig zu rauben. So erzählt Wieland von Derwischen, welche ein muhammedanischer Fürst „nur die Hummeln seines Staats zu nennen pflegte," und Mendelssohn sagt, indem er das Bild auf die Spitze treibt: „Man ist es von der Raubbegierde der gelehrten Hummeln schon gewohnt, daß sie sich von fremder Arbeit nähren, daß sie Anderer Honig sogar in ihr eigen Gift verwandeln."

Schon die Wespe gilt als ein wild umherschwärmendes Thierchen, noch mehr aber die Hummel. Rückert lädt in den Makamen des Hariri nach orientalischer Weise zu stürmischem Lebensgenusse ein:

Den Cummler (d. i. Becher) zu tummeln
Und zu schwärmen mit den wilden Hummeln.

Hans ist fortgeflogen, „die lustige Hummel," erzählt mit scherzhafter Streifung jemand in einem Drama von Freitag. In Wilhelm Meisters Wanderjahren schreibt Hersilie an die Tante: Wie der Vetter die blonde Schönheit mit der Tochter des liederlichen Pachters „einer wilden Hummel von Brünette" verwechseln kann, das bleibt mir völlig unbegreiflich. J. Scherr sagt von der durch ihren nachmaligen Ehescheidungsprozeß gegen Georg V. berühmt gewordenen Königin Karoline von England, sie sei in ihrer Jugend nach dem Ausspruche ihres gerechtesten und mildesten Beurtheilers „eine wilde Hummel" gewesen. Ja sogar: „Du liederliche Hummel!" schilt Gutzkow in den Unterhaltungen am häuslichen Herd. Bürger hat ein eigenes „Hummellied" gedichtet, worin er die Buben mit Hummeln und die Mädchen mit Blumen vergleicht:

> Die Buben sind den Hummeln gleich,
> Ihr Mägdlein mögt euch hüten!
> Sie schwärmen durch des Lenzes Reich
> Um Blumen und um Blüthen.
>
> Sie irren her, sie schwirren hin
> Mit Söhnen und mit Stöhnen
> Und können ihren Leckersinn
> Des Honigs nicht entwöhnen.

All dies überlegt sich eine sorgsam ihre Töchter hütende Hausmutter und spricht ernstlich: „Ich brauche keine Hummeln in meinem Bienenstocke!" Noch ein paar sinnverwandte Ausdrücke von der Horniſſe. Schade, bedauert in einem der oben erwähnten Federkriege Herder, daß ein Leſſing sich „mit einem Nest voll Horniſſen abgeben muß." Wieland verschwört sich in einem Briefe an Merck: „Lieber will ich zehn Horniſſen auf einmal gegen mich aufreizen!"

„Horniſſen auslaſſen" sagt man in komischer Weise für Unfug treiben, und man braucht auch nur daran zu denken, wie es wäre, wenn man einen Schwarm dieser großen, noch lauter summenden und brummenden und noch heftiger stechenden Wespen losließe!

Im geraden Gegensatze zu den drei vorausgehenden ist die Biene ein allgemein beliebtes Thierchen, welches um seiner Vorzüge willen sogar dem Menschen als Musterbild hingestellt wird.

> Im Fleiß kann dich die Biene meistern

predigt Schiller dichterisch dem Trägen. Wenn man daran und noch an Honig und Wachs denkt, so lautet das Sprüchwort noch sehr bescheiden: „Eine Biene ist so gut wie eine Hand voll Fliegen." Dem kindlichen Volksglauben gelten die Bienen sogar als fromme Thiere: „Die Immen können das Fluchen nicht leiden." Nur die Drohnen im Bienenstock, welche sich von den unermüdlich fleißigen Arbeitsbienen füttern lassen, werden so zum Bilde schmarotzender Müßiggänger. „Kein Staat darf Drohnen anziehen," warnt Jahn in seinem Deutschen Volksthum, und Gutzkow eifert gegen „Gesellschaftsdrohnen, die vom todten Ertrage des Kapitals leben."

In einigen Gegenden, auch in der Pfalz, hat man den eigenthümlichen Ausdruck „der Bien" für Bienenstock, und überall dort ist auch das Sprüchwort üblich: „Der Bien muß," vollständig: „Die Ruſſen sagen: Der Bien muß." Man gebraucht es von irgend welcher erzwungenen Handlung eines Menschen, vom Gehorsam der Schüler und Soldaten, der Willenlosigkeit parlamentarischer Parteien ihren Leithämmeln gegenüber und dgl. und denkt hierbei an die herrschende Oberleitung, welche der Imker oder Zeidler beim Nehmen des Honigs oder in andern Augenblicken des wunderreichen Bienenlebens ausführt; und was dabei die Ruſſen betrifft, so sind sie für uns leider stets noch nicht mit Unrecht das Muster von roher Gewalt.

Ein anderes, doch an das vorige erinnerndes Muß aus der edlen Imkerei besagt: „Man muß den Immen die Waben nehmen," natürlich mit dem Honig, damit sie nicht üppig werden oder im Fett ersticken.

Das Süßeste, was es auf Erden gibt, ist der von den Bienen gesammelte und endgültig bereitete Honig. Kanaan wird gepriesen als ein Land „darin Milch und Honig fleußt," und „süßer als Honig und Honigseim" kann der Psalmist nur bildlich singen. „Lippenhonig" sind die süßen Küsse der Liebe:

> Berauscht von Lippenhonig
> Und Rebensaft

singt wieder nach morgenländischem Geschmacke Daumer von seinem Hafis. Wieland schildert einen eingebildeten Dichter mit den Worten: Er denkt „der Musen Honig fließe Keinem sonst."

„Honigwochen und Honigmonate" heißen wir einen besonders wonnigen Abschnitt aus dem Leben, vor allem die süße Zeit der jungen Ehe. So schwärmt Immermann: „Die Honigmonate meiner jungen Freiheit, welche mit den blutigen Rosenmonaten der deutschen Freiheit zusammentrafen, waren süß." Und Goethe schüttet kaltes Wasser auf liebesberauschte Köpfe: Junge Gatten, die .. mit nicht genugsamen Gütern versehen, in diese Zustände sich einlassen „mögen ja sich keine Honigmonde versprechen." Dagegen eines Ungeliebten Seufzer bei Bürger klagt:

> Mir wächst vom süßesten der Triebe
> Nie Honigfrucht zur Lust heran.

Aber kein Preis ohne Mühe und Last: „Wer Honig will, muß der Bienen Sumsen leiden," was noch nicht gerade so viel heißt, aber es wird noch mehr gefordert: „Wer Honig lecken will, muß der Bienen Stachel nicht scheuen." Und dann die bittere Kehrseite: „Wer viel Honig schleckt, muß viel Wermut schlingen," der Wahn ist kurz, die Reu' ist lang. Aber allzu süß ist vom Uebel. „Wer sich zu Honig macht, den benaschen die Fliegen," die Kokette fesselt, aber nur — Ballhelden. Den Fliegen selbst bekommt es nicht immer gut. „Honig ist der Mücken Tod," schwachmüthige und schwärmerische Naturen gehen an der Liebe zu Grunde. Bei dem letzten Sprüchworte spielt schon theilweise die Ansicht herein: „Kein Honig ohne Gift." In der Natur ist dies aber nicht begründet, da höchstens der Honig wilder Bienen, die auch auf giftige Pflanzen schwärmen, Gift enthalten kann; es ist eine reine Allegorie und lautet noch weiter ausgeführt: „Eitel Honigrede ist nicht ohne Gift." In diesem Sinne warnt auch der alte Logau:

> Zungenhonig, Herzensgift!

Es gibt jedoch auch von Herzen kommende „Honigworte," wie Bürger dem Neuvermählten einer schönen Helene vorschreibt:

> Doch wirst du künftig ohne Leid
> Sie auf den Händen tragen
> Und immer nach Verdienst wie heut
> Ihr Honigwörtchen sagen.

Bei den Wespen haben wir nichts gehört von Honig, welchen wir vielmehr einzig den Bienen zu ihrem hohen Lobe verdanken; daher sagt man: „Es ist zu gewinnen — wie Honig von Wespen" oder der Liebe Mühe ist umsonst.

Der zweite Stoff, welchen uns die Bienen liefern, ist das Wachs, dessen helle Farbe und Weichheit jedermann vor Augen schweben.

Weißer war als Wachs die kleine runde Hand

ist ein schwacher Theil von Wielands feuriger Schilderung eines Mädchens, so schön, so nymphenhaft, wie Hebe pflegt gemalt zu werden. Sogar bei einem schönen Manne, dem Perser Arasambes, singt der Nämliche von einer „wächsernen Schulter." Doch der Geschmack ist verschieden, manchem dünkt das Wachs zu blaß. „Bleich wie Wachs" reitet Hüon trotz seines vorgeblichen Heldenmuthes den Zauberwald hinein. Dann die andere Eigenschaft:

Mein Herz ist weiches Wachs in ihrer Hand

lautet das Selbstbekenntniß des liebenden Herzogs von Burgund gegenüber der Jungfrau von Orleans.

Du bist so wächsern nicht und deine feste Seele rc.

wird ein zu bescheidener Charakter in Hölderlin's Hyperion angeredet. Platen straft sklavische Nachahmung unter Jkarus Bilde:

Wächserne Federn
Klebt an den Nacken des Flugs Nachahmer bloß.

Wieland sagt von der Bildsamkeit des Menschen zu einem Gott oder einem Ungeheuer: Alles hängt von den Eindrücken ab, die „sein wächsernes Gehirn in der ersten Jugend empfing." „Wachsweich" lieben wir die gesottenen Eier. Noch weicher wird das Wachs in der Hitze: „Nah beim Feuer schmilzt das Wachs," wer ein so weiches Herz hat, wie der Herzog von Burgund sich selbst eines zuschreibt, der hüte sich vor einer gefährlichen Nachbarschaft.

Wenn nun ihr wächserner sterblicher Leib
Unter des Feuertriefenden Armen
Niederschmilzt

ruft Juno siegjauchzend und deren Untergang prophezeiend der in Jupiters Umarmung eilenden Semele bei Schiller nach.

Das weiche Wachs läßt sich auch nach Willkür biegen; in diesem Sinne beschwert sich ein im Staatsdienste ergrauter Beamter, der in seiner langen Lebenserfahrung schon mehr als einmal gesehen, wie bei der Unvollkommenheit aller menschlichen Einrichtungen manch Einem Unrecht geschieht: „Das Recht hat eine wächserne Nase, die man drehen kann, wie man will!"

Auf die Biene soll die Ameise folgen, wie neben dem Bienenfleiße der „Ameisenfleiß" steht. „Gehe hin zur Ameise, du Fauler: sieh ihre Weise an und lerne" ist einer der Sprüche Salomo's, und ein späterer: „Die Ameisen ein schwach Volk, dennoch schaffen sie im Sommer ihre Speise." „Wir müssen fleißig sammeln wie die Ameisen," sagt Forstern in eiem Briefe, und mit einem andern Zuge aus dem Ameisenleben fortfahrend: „ich trage meine Puppen von einem Tisch zum andern." Die Ameisen tragen ja, wie vielleicht auch schon eine sinnige Beobachterin unter den Leserinnen gesehen hat, die sogenannten Ameiseneier, welche auch zum Nachtigallenfutter dienen, aber eigentlich die Puppen sind, ganz zierlich im Mäulchen aus dem Ameisenhaufen an die Sonne und Abends wieder zurück.

Man sagt auch „Aemse" für Ameise, und hievon stammt zunächst das Wort „ämsig" oder emsig, besonders gern gebraucht von der unermüdlich fleißigen Hausfrau. Goethe hat dies wohl gewußt, wenn er alternd im zweiten Theile des Faust eines der zahllosen, geistreich sein sollenden Wortspiele hascht:

          Allemsig müßt ihr seyn,
          Ihr Wimmelschaaren!

Wimmeln ist ein förmlich an die Ameisen geknüpfter Ausdruck, und Goethe hat dies ihr Leben und Treiben lebhaft geschildert, namentlich in den Hexametern:

          Schnell die gesellige Menge zu tausend Schaaren zerschoben,
          Wimmelt sie hin und her, und einzelne Tausende wimmeln.

Und so braucht er sie selbst an einer andern Stelle als Bild eines wimmelnden Gewühles: „Die Maßlieben dringen wie Ameisen aus dem Boden." In Voß Theokrit frägt einer im dichten Menschengewühle:

          Wie kommen wir durch? Wann entflieh'n wir
          Diesem Tumult? Ameisen unzählbar rings und unendlich.

Von den Menschen in ihrer Winzigkeit und Aufgeblasenheit gegenüber dem allgewaltigen Gotte sagt abermals Goethe: „Und kümmert die Ameisen, die drum krabbeln, dein Name nichts." Aber wie der Wurm, so „haben auch die Ameisen ihre Galle."

Die Fliege und Mücke.

Die Fliege ist uns in zwei Sprüchwörtern beim Honig vorgekommen, wir wollen sie nun auch näher ins Auge fassen. Die Fliege gilt als eines der kleinsten Thiere, der Elephant aber ist der Riese des Thierreichs; diesen Gegensatz versinnlicht der sprüchwörtliche Ausdruck „aus ener Fliege oder Mücke einen Elephanten machen." „Du machst aus jeder Mücke einen Elephanten," wirft ein Mann seiner übertreibungssüchtigen Frau vor, welche bei häuslichen Zwistigkeiten jeden Pfifferling zu einer Haupt- und Staatsaktion aufbauscht. Man sagt auch: „Mücken zu Kameelen machen," was sich zunächst an die bekannte Bibelstelle von den Pharisäern anschließt: Die ihr Mücken seihet und Kameele verschluckt. „Mit sichtlichem Behagen wird aus der Mücke ein Kameel gemacht," hieß es kürzlich in einem Lokalblatte, wo eine Nachricht von einem Blatt anderer Färbung hämisch entstellt worden war. „Die Fliege an der Wand," also auch das Kleinste, ärgert solche Leute, denen zuletzt nichts übrig bleibt als mit jenem schwäbischen Dichter zu sagen: Ich bin verdrießlich, weil ich verdrießlich bin — vollends wenn sie noch gar unwohl sind. Gotthelf erzählt in den Erlebnissen eines Schuldenbauers von einer Schwermuthkranken, sie habe nicht gegessen, „daß es einer Fliege im Aug weh gethan hätte." „Noch nie eine Mucke bekehret" — wie man ja auch jetzt noch Mucke statt Mücke sagt — eifert Luther: Noch nicht den armseligsten Proselyten gemacht. Als Muster eines kleinen Thierchens erscheint die Fliege noch in dem Sprüchworte: „Was einem nicht beschert ist, das führt eine Mücke auf dem Schwanz hinweg."

ähnlich gedacht, aber naturgeschichtlich weniger richtig als: „Was dir nicht gehört, streift eine Maus mit dem Schwanze weg."

Die kleinen Fliegen sind auch matt, namentlich im Spätjahre, und sterben um diese Jahreszeit in ungeheurer Zahl; daher die Redensarten „matt wie eine Fliege," die schon bei Luther vorkommt, ferner „hinsterben wie die Fliegen, umfallen wie die Mücken" und dgl. In dem grassen Liede der Räuber fassen sie ihre entmenschte Freude in die Worte:

Ha! wenn sie euch unter dem Beile so jucken,
Ausbrüllen wie Kälber, umfallen wie Mucken,
Das kitzelt unsern Augenstern.

Wie die Fliegen selbst schwach sind, so ist es auch ihr Flug; Viktor Scheffel's dem Wartburgkriege nachgeahmtes Lied wider Heinrich von Ofterdingen beginnt:

Mich faßt ein Mitleid, stolzer Knabe,
Um deines Hochsinns Mückenflug.

Der Teufel in seiner Ohnmacht wird verächtlich der „Fliegenfürst und Fliegengott" genannt. Faust entschuldigt seine Frage nach Mephistopheles Namen damit, daß man das Wesen solcher Herren gewöhnlich aus ihrem Namen lesen könne:

Wo es sich allzu deutlich weist,
Wenn man euch Fliegengott, Verderber, Lügner heißt.

Alle die unangenehmen Gepflogenheiten dieser Thierchen schildert mit von der Melancholie diktierter Naturtreue Scheffel's Mönch von Banth in seinem Bericht von den Mücken, dessen Qual ihren Gipfel erreicht in den Worten:

Just zur Stunde süßen Mittagsschlummers
Heben sie das teuflischste Gesumm an
Und turnieren wie die Sarazenen
Wider mich, den harnischlosen Mann...
Hüpfen auf den Mund, als ström' er Honig,
Tanzen auf des Auges Lid und summsen
Höhnend in die Ohren ihr „Wachauf!" mir.

Hieran schließt sich mit auffallender Uebereinstimmung Börne's Bild: Wir wollen das Volk aufwecken, denn es schläft; „wir sind seine Fliegen, die ihm um die Ohren summen und im Gesichte herumkitzeln." Zuletzt kömmt Scheffel's Mönch Nikodemus doch zur Einsicht und läßt sich von seinem ruhig nüchternen Abte belehren:

Fröhlich Herz bezwingt den größten Drachen,
Traurig Herz erliegt im Mückenkampfe!

Ein Sprüchwort lehrt: „Die Mücken sehen alle einander gleich," d. h. die kleinen Geister, namentlich die Quälgeister des menschlichen Lebens, gleichen einander überall. „Auch der Löwe muß sich vor der Mücke wehren" auch der Große, der Edle, der Hochherzige ist vor kleinlichen Plagen nicht sicher; Fürst Bismarck muß immer gegen Kläffer Steine werfen. Mit „dem beschwerlichen

Mückenschwarm der Höflinge" entschuldigt bei Wieland ein Edelfräulein den kalten Empfang ihres Geliebten, wie sie endlich mit ihm allein ist. Durch eine klebrige Flüssigkeit, welche aus ihren Fußbällchen schwitzt, verunreinigen die Fliegen alles, worüber sie hinkriechen, daher sagt in hohem sittlichen Ernste Arndt von dem alles Reine besudelnden Kotzebue: „War eine Fliege, die sich auf alles setzte." Und hiezu der Stoßseufzer:

Wenn die Schwalben fliegen,
Bleiben hier die Fliegen!

die lieben Gäste ziehen heim, aber die lästigen bleiben uns auf dem Halse sitzen.

Von der eigenthümlichen Gewohnheit der Mücken, um brennende Lichter zu fliegen und sich zu versengen, entlehnt Hölderlin die Betheuerung: „Ich liebte meine Heroen wie eine Fliege das Licht." Bekannt ist ferner das Sprüchwort: „Die Mücke fliegt so lang ums Licht, bis sie sich versengt," man läßt nicht von einem Mädchen, bis man über die Ohren verliebt ist.

Durch ihre Naschhaftigkeit gerathen die Fliegen oft in Flüssigkeiten, wo sie zu Grunde gehen oder höchstens in einem jämmerlichen Zustande sich wieder herausarbeiten. Daran knüpft sich eines der komischsten Bilder, wie nur sie in Sprüchwörtern gemalt werden: „Er oder sie kam gezogen wie die Fliege aus der Buttermilch" von jemandem, dem ein Platzregen auf den Rücken gekommen ist, oder der in heimlicher Liebe überrascht worden u. dgl.

„Wenn die Fliege nisten will, sucht sie Löcher," etwas unwissenschaftlich ausgedrückt, ist fast gleichlautend mit einem Sprüchwort von einem größern fliegenden Thiere: „Wenn der Sperling nisten will, sucht er viel Löcher," und lassen wir uns dadurch immer noch ohne Widerwillen an die Begründung eines menschlichen Hausstandes erinnern. Aber „wenn die Mücke ein Hühnerei legen will, ist's ihr Tod," wie der Frosch in der Fabel, der sich zum Ochsen aufblähen möchte, endlich zerplatzt.

„Auch die Mücke hat ihre Milz" ist so gedacht wie „der Wurm und die Ameise haben auch ihre Galle;" es giebt also auch milzsüchtige Fliegen.

Eigenschaften, welche die Fliegen gar nicht besitzen, schreibt ihnen bloß aufgeblasener Dünkel zu und „hört die Fliegen husten," beiläufig gesagt, etwas feiner als „die Flöhe."

Natürlich, daß man ein so lästiges Thier auf alle Art zu fangen und zu vertilgen sucht, um seiner los zu werden. Da sind nun Süßigkeiten ein Hauptmittel, sie anzulocken: „Wer sich zu Honig macht, den benaschen die Fliegen," haben wir erst kürzlich gehört, ferner aus der Lebenserfahrung entnommen: „Mit einem Tropfen Honig fängt man mehr Fliegen, als mit einem Oxhoft Essig." Aber das Volk parallelisiert und spottet: „Was Fliegen lockt, das lockt auch Freunde" und ganz ähnlich gedacht: „Fliegen und Freunde kommen im Sommer," das sind die Freunde im Sonnenschein des Glücks, von denen in der Noth zwanzig und dreißig auf ein Loth gehen, die Hollunderfreundschaften, wie sie der alte Wandsbecker Bote benannt hat. Eine anstrengende Arbeit ist übrigens das Mückenfangen nicht, davon reimt man:

> Besser Fliegen gefangen,
> Als müßig gegangen!

Nur Geduld ist erforderlich:

> Mit Geduld und Spücke
> Fängt man die kleinste Mücke.

(Spücke heißt hier ohne Zweifel so viel als Speichel.) In süddeutscher Aussprache:

> Mit Geduld und Spucke
> Fängt man die kleinste Mucke.

Ein besonderes Glück ist hiebei „zwei Fliegen mit einer Klappe zu schlagen" wie zwei Vögel auf einen Zug zu fangen. Goethe dichtet in dem Sinne von: Unkraut verdirbt nicht:

> Tausend Fliegen hatt' ich am Abend erschlagen,
> Doch weckte mich eine beim frühsten Tagen.

Eine Ironie des Schicksals liegt darin, daß zwei heftige Gifte, mit welchen man die Fliegen tödtet, nach ihnen benannt sind, nämlich der prächtig rothe „Fliegenschwamm" und der weiße Arsenik als „Fliegenstein" und „Mückengift". Aber, merke dir's, Unschlüssiger: „Beinahe bringt nicht einmal eine Mücke um."

Manches, was der Fliege kurzweg zugeschrieben wird, bezieht sich auf besondere Arten; so wenn ein Sprüchwort sagt: „Hungrige Fliegen stechen übel" oder „hungrige Mücken beißen schlimm," malerische Umschreibungen von: Hunger thut weh. Und „die Fliege setzt sich immer auf ein mager Pferd," ein Unglück kommt selten allein. Hingegen „feiste Fliegen stechen minder" erinnert im Rückblick auf das Vorausgehende an den Ausspruch eines berühmten Fragmentisten, welcher die Pfaffen eintheilte in feiste und hagere: die feisten seien unschädliche Thiere, aber vor den hageren könne man sich nicht genug in Acht nehmen. „Welche Fliege sticht Euch?" wird Goethe in der Belagerung von Mainz gefragt, und die Erklärung liegt in dem Nachfolgenden: Ihr habt Euch in einen Handel eingelassen, der übel ablaufen konnte.

In diesem bildlichen Sinne ist Mücke noch üblicher und häufig mit der Aussprache Mucke. „Nach und nach flogen ihn allerlei Mücken an," erzählt Gotthelf von seinem Uli, der sich anfangs über einen Gewinn hatte freuen wollen, dann aber plötzlich umschlägt. Dann kommt Vreneli, entfaltet seine ganze Liebenswürdigkeit und bringt es wirklich wieder dahin, daß es „aus Ulis Kopf die Mücken ausjagt." Wieder von einem Andern berichtet Arnim: „Waren ihm doch mit den ersten Strahlen des Glücks alle Mücken aufgewacht, die ihm in früherer Zeit in den Kopf gesetzt waren, und die ehrlichen Leute schienen ihm alle zu schlecht."

> Wollt' euern Weibern die Mücken wehren,
> Die ihr nicht gedenkt ihnen zu vertreiben

vertheidigt sich in seiner Art Goethe's Satyros dem Volke gegenüber. Sogar leblose Gegenstände können mit Mucken behaftet seyn: „Zudem hat die Nordsee ihre Mucken durchs ganze Jahr", schildert O. v. Horn das deutsche Meer, und der Nämliche erzählt in den rheinischen Dorfgeschichten: „Der wetterwendische Monat hatte alle die alten Mucken abgelegt."

Auch diese figürlichen Mücken werden, wie wir eben gehört haben, ausgejagt und vertrieben oder gefangen; selbst der Travestiendichter Blumauer, dessen Witz andere Leute erheitert, weiß sich nicht frei davon:

Wenn ich oft so sitz' und Mücken fange,
Die selbst Liebe nicht, noch Wein
Aus dem Kopf mir jagen u. s. w.

„Ich will dem Vetter die Mücken ausklopfen", sagt wieder Gotthelf's Vreneli, wo dieser Vetter die Schrulle hat, eine allgemein beliebte Base störender Weise aus einer fröhlichen Gesellschaft rufen zu lassen. Noch energischer geht Brentano dem Geschmeiß zu Leibe, wenn er an einen Jugendfreund schreibt: „Mir ist, als müßte ich mit einem Mückenplätscher diese närrischen Mücken von dir alle todt schlagen."

Daß es außer Blumauer, Vreneli und Brentano von jeher noch andere „Mückenfänger" gegeben hat, beweist Wieland, wenn er bei der Schilderung seiner Kosmopoliten in der Geschichte der Abderiten sagt: „Ein Pedant, ein Mückenfänger," wo eines das andere erläutert.

Es hausen auch noch kompliziertere Mucken in der Leute Köpfen: „Dem Paul die Bauernmucken auszutreiben" werden bei Th. König allerlei Mittel angewandt; noch stärker ist Höfer's Zumuthung an einen Verliebten „sich die Hochzeitsmucken aus dem Kopf zu schlagen."

Eine Gattung mit vier Flügeln sind die oft nur wenige Stunden lebenden „Eintagsfliegen," welche fast unwillkürlich zum Bilde unserer ach! so kurzen Lebensdauer werden. Jean Paul steigert sogar dieses Bild noch, wo er sagt: Rollende Wecker sind wir, die sogleich ausgeschwirret haben, nicht „Eintagfliegen, sondern Einaugenblickfliegen." Scherer bildet den Namen weiter und rühmt einmal das, was unter den literarischen Erscheinungen über das Niveau „modischer Eintagsfliegenschaft hinwegragt."

„Fliegende Mücke" und französisch mouche volante heißt man eine Erscheinung, die sich zuweilen an krankhaften Augen, besonders von Hypochondern zeigt, wobei sie allerlei schwarze Figuren, wie Fäden, Haare, Spinnen und Fliegen sehen. Gutzkow erzählt im Blasedow: „Bemerkte nur eine fliegende Mücke, einen Täuschungspunkt seiner schwachen Augen." Goethe stellt hiemit einen Vergleich an:

Wie im Auge mit fliegenden Mücken,
So ist's mit Sorgen ganz genau.

Wieder mit dem französischen mouche übereinstimmend, aber jetzt aus der Mode ist es, wenn man „Mücke" sagt für die Schönheitspfläsperchen, welche ja wirklich von weitem ausfahen, als ob jemanden eine Fliege im Gesicht säße. J. G. Schmidt beschreibt die Toilette einer Schönen aus der Puderzeit:

>Sie puderte das lange Haar,
>Besprengte das Gesicht mit Mücken.

Nach einer andern, aber ebenfalls malerisch nahe liegenden Aehnlichkeit heißt man auch „Mücke" das kleine Bärtchen an der Unterlippe.

Und so ist der Mücken und Nücken und Tücken kein Ende!

Die Spinne.

Auf die Fliege mag die Spinne folgen, denn zwischen beiden herrscht dasselbe Verhältnis, wie zwischen Maus und Katze, die Spinne ist die Erbfeindin der Fliege. Sie bildet eine vielen Personen widerwärtige und namentlich von Frauenzimmern als giftig geflohene Erscheinung; dies hat jedoch wenigstens bei unsern einheimischen Spinnen gar keinen Grund, ihr Gift reicht gerade hin, um eine Mücke umzubringen. Aber man hat besonders in frühern Zeiten steif und und fest hieran geglaubt; Luther behauptet zu seinem eigenen Bedauern: „Eine Spinne saugt Gift aus der lieben Rosen," und erweitert sagt noch immer das Sprüchwort: „Die Spinne saugt Gift, die Biene Honig aus allen Blumen," manche Menschen sehen alles schwarz, während eine heitere Lebensanschauung unserm Dasein doch viel schöne und freundliche Seiten abzugewinnen weiß. So wird die Spinne zum Gegenstande des Abscheus und Hasses: „Haß' ich sie gleich einer Spinne," ruft in glühender Feindschaft jemand bei Nicolai aus, und „spinnenfeind" bezeichnet den höchsten Grad von Feindschaft, weil sie sich auch unter einander, besonders Weibchen die Männchen befeinden.

Sie sind sich von Natur so spinnefeind,
Als die Ghibellin und Guelfen

erzählt eine Fabel von Lichtwer mit einem sehr vornehmen Beleg aus der Geschichte.

Verhaßte Personen heißen wir geradezu „Spinne." „Pfui, Spinne!" schleudern wir dem schleichenden Feind an die Nase.

> Du haſt prophezeit, es käm' die Zeit,
> Wo ich herbei dich wünſcht', um mitzuflnchen
> Der bauch'gen Spinne, dem geſchwoll'nen Molch

Richard dem III., ruft im Streite der Königinnen Eliſabeth zu Margaretha.

Noch mehr verabſcheut wird bei ihrer anſehnlichen Größe und ihrem noch dickern Bauch die „Kreuzſpinne." Einer Kleinſtädterin, die nach einem Weltbade gerathen iſt und ſich dort in ihrer Unbeachtetheit ſehr unbehaglich fühlt, wie man ihr am Geſichte anſieht, hält die ſie beherbergende Verwandte ihr unpaſſendes Benehmen mit den Worten vor: Die Kurfremden werden fragen, „was muß denn das für eine Kreuzſpinne ſein?"

Ein ſchönes, wenn auch wehmüthiges Bild gebraucht der wenig bekannte Hungari von dem Jugendreize einer gealterten Schönen:

> Eh ſich des Alters Spinne ſchlich
> In ihrer Wangen Lilientraum.

Das Merkwürdigſte an den Spinnen iſt uns das Weben der Netze zum Fange von Inſecten, der „Spinnenweben," und das Wort „ſpinnen" ſtammt ja daher. „Du biſt der Erſte, der ſelbſt fähig iſt „wie die Spinne aus dem Stoffe ſeines eignen Lebens ein Kunſtwerk zu weben," ſagt Thümmel zu dem von ihm perſonificirten Epilog, wo es ſich um Schaffung eines Dramas handelt. Nicht das leiſeſte Geräuſch wird hiedurch verurſacht, daher Wielands dichteriſche Umſchreibung von mäuschenſtille:

> So ſtille ward es dann, man hätt' im Saal
> Das Weben einer Spinne hören mögen

wo ein alter Ritter den Mund zum Reden aufthut. Mitten im Netz oder im Hintergrunde deſſelben ſitzt die Spinne und lauert heimtückiſch auf die ihr zur Beute werdenden Mücken: „mit der Lauerſamkeit einer Spinne," erzählt in dieſem Sinne vergleichend Muſäus in einem Märchen.

Es iſt eine charakteriſtiſche Eigenthümlichkeit der deutſchen Volksanſchauung, mit der Thätigkeit einer fadenziehenden Spinne das Bilden eines Fadens aus Hanf oder Flachs, Wolle oder Seide durch menſchliche Kunſt zu vergleichen und hiernach „ſpinnen" zu benennen. Sehr bezeichnend in dieſem Stücke iſt Kohl's Ausdruck, wozu ihn der Anblick der Spinnmaſchinen in den engliſchen Fabriken hinreißt: „Die Arbeiten dieſer Oberſpinnen aller Spinnen." Uebrigens hat ſchon das graue Alterthum Spinnweben und Zeugweben für die nämliche Kunſtfertigkeit gehalten. Nach der griechiſchen Götterſage hatte Arachne, die Tochter eines Purpurfärbers, von Minerva die Kunſt des Webens erlernt und ſich erkühnt, ſchließlich ihrer göttlich jungfräulichen Lehrmeiſterin einen Wettſtreit anzubieten. Trotz des Abmahnens der Göttin begann der Streit, und Arachne fertigte ein kunſtreiches Gewebe, welches die Liebesgeſchichten der Götter darſtellte, wovon freilich der beſchränkte Unterthanenverſtand nichts hätte wiſſen ſollen. Minerva, hierüber erzürnt, zerriß das Gewebe, und Arachne in ihrer Verzweiflung erhängte ſich. Die Göttin gab ihr zwar das Leben zurück, aber in Gestalt einer Spinne, und seitdem webt sie statt Zeugen Spinneweben. Nach der Aehnlichkeit des Tones mit einem schnurrenden Spinnrade gebraucht man das Wort auch von dem behaglichen Schnurren einer Speisen witternden oder sich anschmeichelnden Katze; „das spinnende Kätzlein" ist ein Zubehör in Beck's Liedern vom armen Mann.

Die Spinnweben verbergen, was sie überziehen, daher drohen wir: „Es sind noch keine Spinnweben darüber" einem, der eine Beleidigung oder einen Fehltritt schon vergessen wähnt: es ist noch kein Gras darüber gewachsen.

Endlich trotz der Feindschaft, die Spinne und Mücke von Kindsbeinen auf gegen einander hegen, können sie doch in einem Sinne übereinstimmen: wenn Hackländer in seinem Stillfried „einem allerlei Spinnen in den Kopf setzen läßt," so ist der schwerlich besser daran, als Arnim's Jemand, dem Mücken in den Kopf gesetzt waren.

Die Grille.

Zu der stattlichen Reihe von Plagegeistern aus der Insectenwelt, sei es auch nur in der Einbildung, zählt noch die Grille und die Motte.

Wer wollte sich mit Grillen plagen,
Solang uns Lenz und Jugend blühn?

tönt mir noch von früher Jugend her aus dem lebenslustigen, gemüthlichen Hölty entgegen. „Mir schnurrt eine Grille im Oberhaus," klagt Mörike's Maler Nolten, es ist aber doch nicht so ernsthaft gemeint. „Mir sollte der Fürst und sein ganzer Hof zu Gebote stehen und eine Grille im Kopfe surren?" frägt die Kammerjungfer in Kabale und Liebe, wo sich die Lady wegen Ferdinand's Ausbleiben Kummer macht. Der alte Göking? singt in seinen Liedern zweier Liebenden gar von „einem ganzen Schwarm von Grillen;" wie müssen die erst schnurren und surren?

Am fürchterlichsten erscheint das harmlose Thierchen bei Goethe, wo er aus Diderot überträgt: „Denkt euch eine melancholische verdrießliche Figur, von Grillen aufgefressen, einen Mann, der sich selbst mißfällt" und s. f.

Für melancholisch gilt das Thier selbst sogar unter der gemüthlichen Bezeichnung „Heimchen", die es als unser Hausgast genießt:

Ein melancholisch Heimchen zirpt

malt Hölty ein schwermüthiges Stimmungsbild, und Claudius überträgt den Namen auf eine dem Hause angehörige Klagende; die er tröstet:

Er ist nicht auf immer begraben!
Armes Heimchen, du darfst Hoffnung haben.

Anderer Leute Grillen zu füttern, ist ein gewagtes Beginnen:

>   Alles, was
> Pervont damit gewann, die erste ihrer Grillen
> Zu füttern, war, daß nun das Faß
> Der Danaiden voll zu füllen
> Noch eher möglich schien, als seiner Dame Willen

berichtet achselzuckend Wieland über einen allzunachgiebigen Liebhaber.

Schon weiter vom Urbilde entfernt man sich, wenn man sagt „seinen Grillen nachhängen" oder „sich Grillen machen." „Ich mache mir hundert Grillen", schreibt Hersilie an Wilhelm in dessen Wanderjahren; und Goethe selbst „macht sich" — als eine abgesandte Kiste mit Freiexemplaren von Reinecke Fuchs lange Zeit unausgepackt blieb — bis zu „tausend Grillen", also das Zehnfache vom Vorigen.

Im Grunde genommen kömmt „Grillen fangen oder haschen" auf das Nämliche heraus, denn man fängt sie nicht, um sie zu vertilgen, sondern um sie erst recht nicht loszulassen. Lichtwer sagt von einem brummigen Bären, der mit einem muntern Affen auf Futter ausgeht:

> Der Bär ging langsam, traurig, krumm,
> Als wie ein Schuldner, und fing Grillen.

Was gewännest du dabei — wird fingierter Weise Seneca bei Wieland angeredet — wenn du dich von unsern Kinderspielen absondertest, in deinem Winkel „ernsthafte Grillen fingest?" Und bei dem Nämlichen wird ein Griesgram geschmält:

> Wer wird bei vollen Flaschen
> Von Perserwein, dem Geber froher Lust,
> Die Stirn in Falten ziehn und magre Grillen haschen?

Und wie es Mückenfänger gibt, so auch im nämlichen Sinne „Grillenfänger." Kant in seinen Beobachtungen über das Gefühl des Schönen spricht von Grüblern und „Grillenfängern," wo das erste zur Erläuterung des zweiten dient; und Lessing redet sie spöttisch an: „Ihr Herren Grillenfänger könnt freilich mit niemand Klügerm reden als mit euch selber." „Du bist der ewige Grillenfänger," schilt Fiesco Verrina, der ihn einen gesunkenen Sohn der Republik genannt hat. Am ausführlichsten schildern das Dichten und Trachten eines Grillenfängers die drei Stimmen in Goethe's Rechenschaft:

> Nur mit dem Grillenfänger
> Halten wir's nicht liberal;
> Fürchten hinter diesen Launen,
> Diesem ausstaffierten Schmerz,
> Diesen trüben Augenbraunen
> Leerheit oder schlechtes Herz.

Ein weit löblicheres Unternehmen ist es, sich oder einem andern geplagten Menschenkinde „die Grillen zu vertreiben oder zu verjagen." In Hermann und Dorothea bestellt der Hauswirth einladend Wein für seine Gäste:

> Mütterchen, bringt uns ein Gläschen
> Dreiundachtziger her, damit wir die Grillen vertreiben.

Mephistopheles stellt sich zum ersten Male dem Faust mit den Worten vor:
> Dir die Grillen zu verjagen,
> Bin ich als edler Junker hier.

Es gibt auch Grillen von zusammengesetzter Natur, ähnlich wie wir bei den Mucken Bauernmucken und Hochzeitsmucken angetroffen haben. Der wenig bekannte Scherffer schmält über verstärkte „Grämelgrillen". Lessing wettert über irgend jemanden: „Darüber hat er schon Teufelsgrillen im Kopf gehabt." In den Wahlverwandtschaften wird ein schon halb angelegter Ort besprochen, der, wenn er nicht blos eine „Künstlergrille" bleiben sollte, nur zu einer gemeinsamen Grabstätte geeignet schien.

Wer Grillen fängt, wird „grillenhaft oder grillig" in seinem ganzen Thun und Treiben. Engel erzählt von einem wunderlichen „grillenhaften Alten". Wieland behauptet mit Recht, das Volk sei ein gar launiges „grillenhaftes Thier," und dieselbe Bemerkung hat schon der alte Aristophanes gemacht, wo er den souveränen Pöbel von Athen nach Wielands Uebersetzung einen „grilligen, griesgrämigen alten Kauz" nennt. Hippolyt in Schillers Phädra tadelt ein „grillenhaftes Gesetz," das seinem Anrecht auf den Thron entgegenstehe. Auch Fausts zweideutige Schilderung von seinem Vater ist noch zu erwähnen:

> Mein Vater war ein dunkler Ehrenmann,
> Der über die Natur und ihre heil'gen Kreise
> In Redlichkeit, jedoch auf seine Weise
> Mit grillenhafter Mühe sann.

Krittliche Beobachter und „grillige Theoristen" kann der Verfasser so wenig leiden als Goethe, er hält es vielmehr mit Benedirens heiterer Frage: „Ei, wer wird so grillig sein und alles so schwer nehmen?" Sogar der Mond hat seine Grillen:

> Die keusche Luna launet grillenhaft

orakelt der Astrolog im zweiten Theile des Faust von unserm guten Monde. Für solches Launen sagt man kurzweg „grillen und grillisieren". In Goethe's epigrammatischen Gedichten rühmt der epilogierende Narr von sich als einem Weltklugen:

> Grille nicht bei Sommersonnenschein,
> Daß es wieder werde Winter sein.

Und noch gemüthlicher lautet Blumauer's Rath:

> So dürft ihr, statt zu grillen,
> Nur euer Pfeifchen füllen.

„Wir wollen darüber nicht weiter grillisiren und richten", bescheidet sich Goethe in seiner Italiänischen Reise, wo er eingestanden hat: Es ist nicht das erstemal, daß ich das Wichtigste nebenher thue. Burmann erzählt in einer Fabel:

> Das ganze Dorf . . grillisirte viele Zeit
> Von wegen dieser Neuigkeit.

In der Walpurgisnacht gibt als ein Mittel, um Gatten verträglich zu stimmen, was wir unsern verheiratheten Leserinnen zum Schlusse uns zu empfehlen erlauben, Titania an:

> Schmollt der Mann und grillt die Frau,
> So faßt sie nur behende,
> Führt mir nach dem Mittag Sie
> Und Ihn an Nordens Ende!

Die Motte.

ie Motte folgt nun auf die Grille als noch ein vermeintlicher seelischer Plagegeist. Wir erinnern an die Stelle aus Gutzkow's Rittern vom Geist, wo ein Mittel gegen ein ganzes Sammelsurium solcher Quälgeister verrathen wird: „Es vertreibt die Motten! die Motten im Kopf, die Grillen, die Raupen, den Aerger." Eine alte gewisse Volkszeitungsnummer handelt über „alle die Motten und Marotten, welche die Köpfe der Diplomaten füllen"; das hier beigesetzte Marotte stammt aus dem Französischen und bedeutet ursprünglich die Schellenkappe eines Narren.

Sonst ist uns die Motte von Kindheit an bekannt aus dem Bibelspruche von den Schätzen, welche „Motten und Rost verzehren," was vielfach Nachahmung gefunden hat, z. B. bei Platen:

Jene Leichen,
Sie sind ein Raub der Motten und der Schaben.

Hiob gebraucht den ernsten Vergleich: Der ich doch vergehe wie ein Kleid „das die Motten fressen," und ein sich daran schließendes geistreiches Sprüchwort lehrt: „Wer seine Verdienste in Kleidern hat, dem fressen sie die Motten." Ebenso fein moralisiert ein anderes: „Lieber Motten in den Kleidern als die Ehre in Schuldscheinen!" was mancher von unsern zahllosen, leichtsinnigen Bankerottmachern heutiges Tages zu beherzigen vergißt. Der Pseudonym Waldau schreibt von einem Bücherwurm, den wir früher eine Kienraupe der Bibliotheken genannt haben, weil er doch unmöglich alles lesen kann: „Seine Folianten bleiben den Motten und Bücherkrebsen," und ähnliche Gedanken durchziehen Faufts Seele bei dem pathetischen Ausrufe:

Ist es nicht Staub, was diese hohe Wand,
Aus hundert Fächern, mir verenget,
Der Trödel, der mit tausendfachem Tand
In dieser Mottenwelt mich dränget?

Von den Gewohnheiten kleiner und größerer Motten im weitesten Sinne des Wortes kennen wir vorzüglich eine, welche sie mit den Fliegen theilen, nämlich um und in brennende Lichter und zuletzt hinein zu fliegen. Unter diesem Bilde spöttelt der gefühllose Rabener: „Er flattert um seine Schöne, wie die Motte ums Licht" ganz wie wir früher das Sprüchwort ausgelegt haben: Die Mücke fliegt so lange ums Licht, bis sie sich versengt. Bis ins Einzelne malt Wieland das Bild aus, wenn er einen Schwärmer anredet: „Du bist eine unschuldige schwärmerische Motte, die dem Lichte zufliegt, weil sie von seinem Schein entzückt ist, und nicht eher erfährt, daß er auch brennt, bis sie mit versengten Flügeln am Boden zappelt."

Von den schon oben mit den Motten Hand in Hand gehenden Schaben stammt eine besonders im Elsaß, auch aus zartem Munde zu hörende Verwünschungsformel: „Krieg die Schaben! du sollst die Schaben kriegen!" welche wir unsern Leserinnen, wenn man doch einmal das Bedürfniß fühlt, seinen gepreßten Gefühlen Luft zu machen, als vollkommen unschädlich anempfehlen können.

Der Floh.

Auch der Floh gehört zu jenen Thierchen, die zum Vorbilde von Quälgeistern geworden sind; hier sagt man: „Jemanden einen Floh ins Ohr setzen," und das ist nicht so rein bildlich, wie die ähnlichen Ausdrücke von Motten, Spinnen und Fliegen, sondern ließe sich schon noch allenfalls praktizieren zur großen Belästigung des Betroffenen. O. v. Horn erzählt im Schmiedjakob: „Der Gottfried hatte dem Müller auch so einen Floh ins Ohr gesetzt, der nun alle Zeit juckte und biß." Müller gibt eine Warnung für den Eifersüchtigen:

      Wer seine Frau belauscht, setzt sich ins Ohr den Floh!

Wir wollen uns übrigens nicht so sehr in Weben und Leben dieses in guter Gesellschaft anrüchigen Geschöpfes vertiefen. Bekannt ist aus Mephistopheles geschmackvollem Liede, wo der Floh mit seinen Geschwistern zu so hohen Ehren gelangt, das Radikalmittel zu deren Vertilgung:

      Wir knicken und ersticken
      Doch gleich, wenn einer sticht.

Besonders werden die Hunde von ihnen geplagt und seufzen:

      Hungrige Flöhe
      Thun wehe!

Da heißt es dann: „Je fetter der Floh, je magerer der Hund," je mehr sich die türkischen Paschas durch Erpressungen bereichern, desto bemitleidenswerther sind die armen Hunde von Christen. Von den Hunden springt das

Ungeziefer auf die Leute. Heine frägt in seiner Lutetia von jemanden: Warum pflegte er Umgang mit solchem Gesindel? — und fährt mit dem ohne Erläuterung klaren Sprüchworte weiter: „Wer sich mit Hunden niederlegt, steht mit Flöhen auf."

An ihren langen Springbeinen besitzen die kleinen Thiere ein ausgezeichnetes Mittel, sich jeder Obhut zu entziehen; daher stammt die sprüchwörtliche Redensart: „Lieber will ich einen Sack voll Flöhe hüten als" — z. B. ein verliebtes Frauenzimmer, oder als Schule halten u. dgl.

Daß es weise Leute gibt, welche „die Flöhe husten hören," ist schon beiläufig bei der Fliege erwähnt worden, und O. v. Horn schraubt den Unsinn um noch einen Grad höher hinauf: (Es gibt Leute) „die das Gras wachsen sehen und sagen den Flöhen Prosit, wenn sie niesen!"

Professor Forbes fragte auf einer Reise beim Eintreten in ein savoyschcs Dorfwirthshaus die Wirthin, ob ihr Haus auch keine Flöhe beherberge. Entrüstet erwidert sie, wie er so etwas argwöhnen könne, in ihrem Hause gebe es keinen einzigen Floh, die würden alle von den Wanzen gefressen!

Die Laus.

at doch der Walfisch seine Laus,
Darf ich auch meine haben

tröstet sich Goethe und mit ihm der Verfasser. Da wir mit dem Floh ins Ungeziefer gerathen sind, so wollen wir auch dieses noch anrüchigere Thier dazu nehmen. Im Jahrmarkt von Plundersweilern vergleicht sich der Prolog mit beiden:

Ach Herr, man krümmt und krammt sich so,
Zappelt wie eine Laus, hüpft wie ein Floh.

Seydelmann gebrauchte einmal das Sprüchwort: „Der Pelz hat Läuse" in dem Sinn: Das scheinbar Gute hat doch eine starke Schattenseite. „Einem eine Laus anhängen" statt etwas Schlimmes, kommt bei Chamisso vor. Daran reiht sich Hebel's Weisheitsspruch:

Eine Thorheit mehr
Verliert sich im übrigen Heer
Wie im Pelze des Juden eine neue Laus.

Von einem jugendlichen Sonntagsreiter auf einem abgeracterten Lohngaul spottet das Volk: „Er sitzt zu Pferde, wie eine junge Laus auf einem alten Spittler." „Eine Laus im Ohr haben" heißt so viel, als ein böses Gewissen haben, etwas ewig Nagendes, ähnlich wie ein hineingesetzter Floh allezeit juckt und beißt.

Wie der Superkluge die Fliegen und Flöhe husten hört, so „kann er auch einer Laus ein paar Stelzen machen," um die Natur zu verlängern. Und wieder gleich der Fliege wird die Laus in Gegensatz zum Kameel gebracht; „aus einer Laus ein Kameel machen" ist ganz dieselbe Redensart wie dort und wird z. B. von Luther angewandt. Das derbe Sprüchwort: „Besser eine Laus im Kraut als gar kein Fleisch" gebraucht in Gotthelfs Schuldenbauer, wohin es auch gehört, die Wirthin, wo sie einem gerade Verdienstlosen anräth, bis sich etwas Besseres fände, zu einem knickerigen Geizhals in Dienst zu gehen. Als viel feiner gilt der Ausdruck, wo doch nur von einem unsichtbaren solchen Ungeziefer die Rede ist: „Es ist ihm oder ihr eine Laus über die Leber gekrochen," von dem kribbelnden Gefühle des Aergers entlehnt, wie er in den Erzählungen von Gottfried und Johanna Kinkel vorkömmt, und wie wir ihn ja ohne Anstand gebrauchen, wenn ein Familienglied plötzlich verstimmt ist und wir wissen nicht, warum.

Da man die Läusecier Nisse nennt, so wirft Heinse einem Splitterrichter vor: „Du verspottest Andere „wenn du ein Nißchen bei ihnen gewahr wirst, indem dich die Läuse schon halb verzehrt haben."

Abermals derb, aber köstlich ist der Volkswitz „eine Laus schinden" d. h. ihr den Balg abziehen, von dem Thun eines Geizhalses, wie er eben genannt worden. Ein solcher Filz heißt auch ein „Lauser." Schon Jesus Sirach hat den Sinnspruch: „Einem Lauser steht's nicht wohl an, daß er reich ist, und was soll Geld und Gut einem kargen Hunde?" Und Goethe fügt hiezu die „Lauserei" in einem Brief an Herder: „Es ist all und überall Lumperei und Lauserei."

Daran reiht sich das wieder etwas gebräuchlichere „lausig" für lumpig, verächtlich. „Ich begegnete nur lausigen Häringen" erzählt bei Heine einer, der gern Walfische gehabt hätte. Wo Karl Moor über seine Gläubiger flucht, die er vergeblich um nur noch einen Tag Aufschub beschworen, stimmt Spiegelberg ihm bei: „Um so ein paar tausend lausige Ducaten." Platen ereifert sich über „die lausigen Anerbietungen des Buchhändlers;" der Verfasser dieser Schrift hält klüglich sein Maul, um den Verleger in guter Laune zu erhalten. „Erzschuftiger, lausiger, lumpiger Spitzbube," schilt auf dem Gipfel des Aergers in Schlegels Shakespeare ein Edelmann den andern. Junge Santen schimpft Wieland „lausichte Gelbschnäbel" in einem Briefe an Merck.

Noch kürzer ist das in der Familiensprache noch allgemein beliebte „Lausbube." Die alten Herren konnten regieren, „seitdem hatten wir nur Lausbuben," poltert bei Gotthelf ein mit der neuen Herrschaft Unzufriedener. Ganz eben so sagte einmal zu einem pfälzischen Bezirksamtmanne, der sein neues Amt gerad unter einem demokratischen Stadtrathe antreten mußte, ein biderber liberaler Bürger: Es thut mir nur leid „daß Sie gerad in diese Lausbubenwirthschaft gerathen sind." Noch bedeutend anzüglicher, wenn man denkt, was der Zweck einer Angel sein soll, ist „Lausangel," wie in dem Heine'schen
Den ersten besten Lausangel.

Der Ausdruck „lausen" ist zunächst von der „Läusejagd" entlehnt, wie wenn man sagt: „Einem den Beutel lausen," den Beutel leeren, ihm Geld nehmen; dann heißt es jemanden lausig behandeln, derb anfassen, durchprügeln.

Hab' in Italia die Pfaffen gelauſt
Und manche Republik gezauſt

renommiert in Goethe's Faſtnachtſpiel der Dragonerhauptmann. „Wird ſie aber ſchon wieder dafür laufen," nämlich Götz von Berlichingen abermals die Pfaffen, getröſtet ſich in ſeiner Weiſe der Bauernrebell Sievers.

Beſonders iſt aber „mit Kolben laufen" als kräftiger ſoldatiſcher Ausdruck geadelt worden, der von einem Feinde gilt, welchen man der Ehre eines regelrechten Angriffs mit Waffen und Geſchützen nicht würdigt, ſondern mit Keulen und Knütteln todtſchlagen läßt. Urſprünglich hieß dieſe Redensart merkwürdiger Weiſe ganz anders, nämlich „einem die Kolbe laufen" und bedeutete ſo viel als ihm über den Kopf kommen, ihm ſtark zuſetzen. Gotter wünſcht jemandem einen ſanften Tod in den für uns hochkomiſchen Verſen:

  Daß, wenn endlich ſpät die allgemeine Pauſe
 Für ihn beginnt, Freund Hain ihm ſanft die Kolbe lauſe.

Luther ſpricht einmal davon, „wie man den Narren die Kolbe lauſe." Kolbe iſt hier ein veraltetes Wort für Glatze oder Kopf überhaupt. Aus dem Vorigen wird nun im Sprachgebrauche allmälig „mit Kolben laufen." Der alte Fiſchart verwünſcht die Schwätzer:

  Man ſoll ſolchen Plauder(er)n
  Den Plänel um dem Kopf wohl ſchlaudern
  Und ihnen mit den Kolben laufen.

So lautet das obige Sprüchwort jetzt gewöhnlich: „Narren ſoll man mit Kolben laufen," und Kolbe heißt alsdann ſo viel als Keule, Schlagwaffe. „Einen ſolchen Feind muß man mit Kolben laufen", haben Friedrich der Große und ſeine zeitgenöſſiſchen Feldherren mehr als einmal geſagt, um ihre Verachtung vor dem Gegner auszudrücken.

Eine eigenthümliche Schmeichelei will das Volk einer reizenden Dame mit feſtem, vollen, runden Fleiſche ſagen, wenn es bewundernd ruft: „Man könnt' ihr auf dem Fleiſch eine Laus knicken!"

Zum Schluſſe der unorthographiſche Vers:

  Läuſe flöhen meine Lieder
  Church die Nacht zu Thier!

Der Krebs.

Zwei sehr ausgeprägte und entfernt verwandte Charaktere aus der niedern Thierwelt stellen Krebs und Schnecke dar. Der Krebs, welcher zu hohem Vergnügen der jung und alten Welt rückwärts geht, ist hiedurch das mustergültige Sinnbild des Rückschrittes geworden: „Vorwärts wie ich!" ruft der Held Krebs in der Volksfabel. Dieser unabänderliche Naturtrieb ist nebst anderen Unabänderlichkeiten in dem Verse besungen:

> Der Kuckuk behält seinen Gesang,
> Die Glocke ihren Klang,
> Der Krebs seinen Gang,
> Narr bleibt Narr sein Leben lang!

Jean Paul läßt auch ein Femininum „eine kokette Krebsin" auftreten, „die bald vor-, bald rückwärts kriecht," scheint also wohl zu wissen, daß die Krebse doch nicht gerad immer sich rückwärts concentrieren.

Gotthelf in seinem Geld und Geist sagt förmlich „im Krebse gehen," gebräuchlicher ist aber der Ausdruck „den Krebsgang gehen" oder wie Luther sagt „den Krebsgang gewinnen;" ebenso lautet ein Sprüchwort: „Schlechter Anfang gewinnt Krebsgang." Aehnlich heißen die Buchhändler „Krebse" die Bücher, welche rückwärts kriechen, nämlich von den Sortimentshändlern zum Verleger, weil sie unverkauft geblieben, und in Pröhle's Jahn heißt es „seine Schrift wäre als Ladenhüter verkrebst."

Da die Krebse mit ihren Scheren kneifen und pfetzen, so bedeutet die sprüchwörtliche Redensart „einen Krebs im Beutel haben" so viel als nicht gern Geld ausgeben, weil man nämlich fürchtet, von dem angeblich im Beutel steckenden Krebse gezwickt zu werden, wenn man hineinlangt.

Jedermann fällt höchlich auf, daß die im Leben braungrünen Krebse beim Kochen roth werden, eine Operation, welche oft von den zartfühlendsten Kochstudentinnen mit steinernem Herzen vollzogen wird, indem sie die Krebse in kaltes Wasser setzen und es allmälig zum Sieden bringen. Von dieser Farbenwandlung stammt die Redensart „roth werden wie ein Krebs;" Götz von Berlichingen spottet über den Bischof von Bamberg, der ihm aus Versehen die Hand gegeben habe: „Da ward das Männlein so roth am Hals wie ein Krebs."

So verhaßt auch die Krebse im bildlichen Sinn erscheinen, ebenso beliebt sind sie in Wirklichkeit auf den Tafeln, und zwar, da sie doch nicht eigentlich sättigen, viel mehr der Reichen, als der Armen. Sie gelten förmlich als Leckerbissen, daher Gotthelfs Malerei üppigen Wohllebens in Schweizer Mundart: „Fischeli zu Morgen und Krebseli zu Nacht." Doch sind sie nicht in allen Monaten des Jahres wohlschmeckend, worüber die gereimte Vorschrift:

Krebse man ißt,
Wenn kein r im Monat ist

also im Mai, Juni, Juli und August. Die Jronie sagt: „Die kleinen Krebse und Fische sind die besten, wenn man große nicht haben kann," man macht gute Miene zum bösen Spiel.

Das Volk weiß recht gut, daß Krebse so wenig wie Fische ertrinken können als Thiere, welche im Wasser leben, daher heißt ein Paragraph aus der Volkserziehungslehre: „Den Krebs straft man nicht mit Ersäufen;" es gibt heutzutag brot- und ehrlose Gauner, welchen das Zuchthaus mit seinen manchmal übertrieben humanen Einrichtungen keine Strafe mehr ist. Uebrigens erkennt das nämliche Volk richtig, daß der Krebs trotz Fehler oder Lächerlichkeiten den Platz, wohin er in der Natur gestellt ist, so gut ausfüllt wie jedes andere Thier den seinigen, und gebraucht seinen Namen auch in ganz ehrenvoller Weise, wenn auch mit scherzhaftem Anstriche. Im Egmont sagt der Zimmermeister: Wie gefallen dir seine (Alba's) Soldaten? Gelt! „das ist eine andere Art von Krebsen, als wir sie sonst gewohnt waren:" und in desselben Goethe Lila heißt es von einem neuen Arzte: So spürt Jhr doch, daß „das eine andre Art von Krebsen ist, als die Quacksalber bisher."

„Kleine Krebse" heißt zärtlich die herumkrabbelnden Kinder der wenig bekannte Spate. Zu demselben Bilde wird der „Butterkrebs" verwendet d. i. der Krebs, wenn er gerad seine Schale wechselt und daher butterweich ist; bei Weise macht sich jemand Bahn durch einen Haufen Kinder mit den Worten: „Aus dem Wege, ihr kleinen Butterkrebse!"

Auch das verwandte „Krabbe" wird in derselben Bedeutung angewandt von Kindern und sonstigen kleinen lieben Wesen. „Hole die Krabbe, Mutter, unser Wilhelmchen," lautet eines Geschwisterchens zärtliche Aufforderung in einer Novelle von Tieck. „Du Krabbe, soll ich dich an die Wand schleudern?" frägt mit erkünsteltem Zorne jemand in Alexis Dorothe. Am zärtlichsten sagt aber Mörike's Maler Nolten: „So eine süße Krabbe," denn da ist eine nette Geliebte verstanden. Pachter Hans schätzt sich von dem um zwanzig Pfund erkauften Pegasus:

Die muntre Krabbe soll zwei Pferde mir ersparen;
Der Koller gibt sich mit den Jahren.

Als widerliches Vorbild erscheint der Krebs bei gewissen Krankheiten, und man erklärt dies in der Art, daß die um den Krankheitssitz befindlichen stockenden Adern das Ansehen von „Krebsfüßen" darböten. Auch in diesem Sinne wird es noch einmal zum Bild, und man denkt alsdann nicht mehr an das Ekelhafte der Krankheit. Wieland frägt poetisch den Zaudernden, der sich zu keinem heilsamen Entschlusse aufraffen kann:

Warum denn, wenn ein Krebs an deiner Seele naget,
Die Heilung Jahre lang hinauszuschieben?

Platen redet als eifriger Protestant Italien feierlich an:

Du hegst an eigner Brust den Krebs,
Den Antichrist, den Papst!

Devrient eifert mit Fug und Recht: „Von Kotzebue datirt der Krebs der Verflachung und der Demoralisation in der Schauspielkunst," wie Arndt Kotzebue eine Fliege heißt, die sich auf alles setze.

Den Krebsfang heißt man kurzweg „krebsen," was oft sprüchwörtlich und bildlich mit Fischen verbunden, aber wegen der minder werthvollen Ausbeute für geringfügiger angesehen wird, als der Fischfang. Ein anmuthiges Beispiel hiezu stammt wieder aus Maler Nolten in weiblichem Munde: Wir Frauen wenn uns der Fürwitz mit den Wissenschaften plagt, „krebsen mitunter blos, wenn wir zu fischen meinen."

Es ist ein Verstoß gegen die Regeln des höflichen Schülers, wenn Ein Tischgast „alle Klöße aus der Suppe herauskrebst." Fr. Müller läßt in seinem Faust den Helden „mit seiner aus'm Lazareth zusammengekrebsten Leibgarde" hantieren. Gutzkow im Zauberer von Rom gemahnt eine hübsch herangewachsene Dame an die Zeit „wo sie noch barfuß unter den Enten im Bach herumkrebste."

Hingegen bedeutet „krebseln" etwas Anderes und schließt sich an krabbeln an: Bist zu steif? „kannst nicht nauf krebseln?" lautet eine Frage in Auerbachs Dorfgeschichten.

Ganz nach dem Muster des zurückmarschierenden Krebses gebraucht Dingelstedt „krebslings" anstatt rücklings bei dem Rufe: „Nun hinein, krebslings entgegen!" nämlich der Welle, da es sich dort um ein Wellenbad handelt.

Auf den Gipfel getrieben ist der Gedanke des Rückschritts in einer aus den Xenien der Gegenwart von Glaßbrenner und Sanders aus dem Jahre 1850, welche auf den damaligen, im Rufe eines krassen Reaktionärs gestandenen Professor Leo gemünzt ist:

    Leo ziehet den Krebs — ihm gehet, dem Leo, der Krebs selbst
    Lang noch nicht krebsig genug! — immer zurück und zurück.

Die Schnecke.

Die Schnecke ist bekanntlich das Bild der Langsamkeit, Trägheit und des Stillstandes, worin sie an den Krebs erinnert und auch mit ihm zusammen genannt wird. Als ein solch Symbol verwendet Uhland unser Thierchen, wo er in dem Gedichte Wanderung mit seiner später bis zum Rumpfparlamente in Stuttgart unverläugneten Freisinnigkeit den deutschen Bund von der Zeit um das Jahr 1834 schildert:

    Jetzt fliegt man nicht zum Zwecke,
    Der Wahlspruch ist: Gott gebs!
    Das Wappen ist die Schnecke,
    Schildhalter ist der Krebs.

Bei einem Spaziergange rufen die tapfer vorausschreitenden Geschwister „Ihr schleicht ja wie die Schnecken!" auf die Nachzügler zurück. Der Frohnvogt im Wilhelm Tell schilt mit den Arbeitern, die sich selbst ihr Gefängniß Zwing Uri bauen sollen: „Das schlendert wie die Schnecke." „Laß mich mitlaufen!" bittet in der Volksfabel den Boten die sich überschätzende Schnecke; und „eile mit Weile!" tröstete die nämliche sich selbst, als sie nach siebenjährigem Gange oben auf dem Baume kaum angekommen glücklich wieder heruntergefallen war. Karl Moor, der seinen Willen nicht in Gesetze schnüren will, ruft in jener übersprudelnden Weise: „Das Gesetz hat zum Schneckengang verdorben, was Adlerflug geworden wäre." Goethe rühmt im Anfang seiner Italiänischen Reise beim Uebertritte von Böhmen nach Bayern die unglaubliche Schnelle, mit welcher man vorwärts kommt, und die „gegen den böhmischen

Schneckengang recht absticht." Eine tendenziöse Langsamkeit rügt Bürger an seiner Bonne, Mamsell La Regle:

> Wenn sie gar zu steif, mit Schneckenschritt,
> Durch nackte Gäng' und Sandalleen tritt

und räth, die alte Strunsel dann gehen zu lassen. So sagt man auch „schnecken" für die langsame Bewegung, wie sie ursprünglich der niedern Thierwelt eignet, im Gegensatze zur beschwingten Vogelwelt:

> Ob es schnecke, ob es fliege

singt einmal Rückert unter ähnlichem Bilde, wie oben Uhland. „Langsam daherschnecken," heißt es dann komisch bildlich in Wielands Lucian, und dessen Aristipp schreibt an Lais über einen platonischen Liebhaber: Meine letzten Worte verdarben alles; sie fielen ihm so stark auf die Brust, daß er plötzlich den Kopf hängen ließ und „mit einem tiefen Seufzer traurig fortschneckte." Langbein läßt in seinen Fabeln jemanden einem andern „nachschnecken," und Jahn spricht mit verhaltenem Grimme von dem Streben gewisser Leute, ihr Ziel zu erschleichen, zu erkriechen und „zu erschnecken."

Man sagt auch förmlich „Schnecke" für eine langsame, energielose Person: „Eher Schnecken und Schildkröten als Adler" lautet das Ergebniß einer stets wahr bleibenden Umschau unter Menschen bei Heinse, welcher also, wie Schiller, Schnecken und Adler einander gegenüberstellt. Gutzkows Liesli philosophiert mit süddeutscher Geschlechtsbildung: „Wer im Handeln ein Schneck, ist in der Reue kein Has." Daher auch der scherzhafte Ausdruck „Schneckenpost," wofür man auch in einigen Gegenden Küchenpost sagt, indem der Transport von Küchenbedürfnissen trotz der Bitterkeit des Hungers für nicht so pressant gilt, als der von Menschen oder Briefen.

Was uns von Kindsbeinen auf an der Schnecke am meisten auffällt, das sind ihre Hörner oder Fühler, welche sie zum Ergötzen von Jung und Alt nach Willkür einziehen oder herausstrecken kann. Die Kinder belustigen sich daran unter Deklamieren oder Absingung von allerlei Reimchen, wie mir eben eines in einem pfälzischen Dorfe von einem Knaben und einem Mädchen unter dem Fenster vorgesungen wird:

> Schneck, Schneck, streck deine vier Ohren heraus —
> Und werf' ich dich zum hintersten Fenster hinaus!

wo also die kindliche Phantasie eine Angriffsstellung darin erblickt, was aber lediglich auf Einbildung beruht. In der nämlichen Voraussetzung entlehnt hievon auch Goethe einen Vergleich, wo er Lavatern so schildert: Verständig, ruhig, gut in einem Augenblick, konnte es ihm in dem andern einfallen „wie die Schnecke ihre Hörner hervorstreckt, irgend etwas zu thun, was einen andern kränkte, verletzte." In desselben Erwin und Elmire stellt Bernardo die Behauptung auf, daß Verliebte ein so feines Gefühl haben „wie die Schnecken an den Hörnern, um zu spüren, ob man ihnen wohl will oder nicht." So wird die bei der leisesten Berührung ihre Fühlhörner einziehende Schnecke das Bild einer feinfühligen, alles Gemeine verachtenden Seele, besonders einer zartbesaiteten Frauenseele.

Wie schon auf diese Weise die Schnecke, welche sentimentalen Damen so ekelhaft vorkömmt, zu Ehren gelangt, so wird sie auch vom Volke, gleich andern verschmähten Thieren, in ihrer natürlichen Schönheit gewürdigt und ist sogar zum Schmeichelworte geworden. „Du Schneck, du netter!" sagt in einem ältern Jahrgange der Fliegenden Blätter zu einem hübschen Kindsmädchen mit einem ebenso hübschen Kinde auf dem Arm ein Verehrer weiblicher Anmuth, für den Zuhörer unentschieden lassend, wem von beiden die Schmeichelei gelte. Bürger läßt seinen aus dem Stiere wieder entzauberten Jupiter Europa'n unter Verläugnung alles Götteradels kosend „mein Schneckchen" anreden.

Die knochenlosen, rein fleischigen Schnecken erscheinen uns an und für sich als fett, und die großen, Weinbergsschnecken genannten, für welche Feinschmecker in Schwaben und Bayern schwärmen, werden auch eigens noch gemästet; daher kommen Redensarten, wie „so rund und fett wie ein Schneckchen" in einer Fabel von Langbein. „Du fettes Schneckchen," sagt bei dem Nämlichen Pastor Schmolke zu sich in einem zärtlichen Selbstgespräch, und Bürger, der gleich Langbein ein besonderer Liebhaber dieses Vergleichs ist, läßt die glückliche Mutter Dorette tändeln:

Seht mir doch mein süßes Kind,
Fetter als ein fettes Schneckchen!

Alles was von der Schnecke sonst gang und gäbe ist, bezieht sich auf das zierliche Schneckenhäuschen und seine regelrechten Windungen. „Die Haarflechten in eine Schnecke gedreht" tritt eine Schöne in Frau von Paalzows Thomas Thyrnau auf. „Schneckenhaft" ist etwas, was sich in einer „Schneckenlinie" windet. Goethe beschreibt wieder auf der Italiänischen Reise die Fabrikation von Nudeln, die, nachdem sie erst in die Gestalt von gliedslangen Stiften gebracht sind, noch von spitzen Mädchenfingern einmal in sich selbst gedreht, eine „schneckenhafte Gestalt annehmen." „Schneckenhaft" kann aber auch die Schneckenpost im Auge haben; so besingt Wieland in seinem verklagten Amor ein beabsichtigt ernstes Auftreten der Grazien und Liebesgötterchen im Olymp:

Paar an Paar
Schleicht leis' und schneckenhaft ganz Paphos und Cythere
Zum Saal hinein.

Nicht blos ihre Hörner kann die Schnecke einziehen, sondern auch sich ganz in ihr eben geschildertes Haus zurückziehen. Mit Bezug darauf sagt Wilhelm Meister in dem Buch: Bekenntnisse einer schönen Seele, von seinem Zustande während einer Krankheit in seinem achten Jahre: In dem heftigsten Husten und abmattendem Fieber war ich „stille wie eine Schnecke, die sich in ihr Haus zieht." Im Jahrmarkt zu Plundersweilern singt die hübsche Tyrolerin, um sich Zudringlichkeiten vom Halse zu schaffen:

> Nicht immer gleich
> Ist ein galantes Mädchen,
> Ihr Herrn für euch;
> Nimmt sich der gute Freund zu viel heraus,
> Gleich ist die Schneck in ihrem Haus!

Die Perle.

ie Perle, welche von allem, was wir betrachtet haben, auf der niedersten thierischen Rangstufe steht, nimmt doch in der allgemeinen Werthschätzung einen außerordentlich hohen Rang ein und wird sohin zu glänzenden Bildern verwendet. Ueber ihre Entstehung singt schön, aber noch in der alten Annahme befangen Heine:

    Die weltberühmten Perlen
    Sie sind nur der bleiche Schleim
    Eines armen Austerthieres,
    Das im Meeresgrunde blöde kränkelt.

Seit jalter Zeit schmücken sich die Reichen mit Perlen und Gold; wie Sammet und Seide sind sie ein Merkmal des Reichthums und gehören zu unsern kostbarsten Kleinodien. „Ihr sollt die Perlen nicht vor die Säue werfen," sagt der göttliche Stifter des Christenthums, wo er die Ausbreitung seiner Lehren ins Auge faßt, und dieser Ausspruch ist förmlich zum Sprüchworte geworden, mitunter mit kleinen Abänderungen; J. G. Müller sagt z. B. „die Perlen vor die Pfleglinge des verlornen Sohnes werfen." Aehnlich gedacht ist das Sprüchwort: „Perlen im Koth haben keinen Schein." Graf Leicester, nachdem ihm die zum Tod bereite Maria Stuart ihre geheime Liebe eingestanden, ruft verzweifelnd:

    Welche Perle warf ich hin!
    Welch Glück der Himmel hab' ich weggeschleudert!

Der alte, für die Schweizer Freiheit schwärmende Attinghausen beschwört seinen zum Hofe hinneigenden Neffen Rudenz:

Wirf nicht für eitlen Glanz und Flitterschein
Die echte Perle deines Werthes hin!

So wird Perle allmälig zur schmeichelnden Liebkosung. In einem serbischen Volksliede folgt auf den zärtlichen Abschied: Schön guten Abend, Schönchen! die neue Einladung: „Komm heute Abend, Perlchen!" Franz Moor leistet seinem alten Diener, den er in seiner Todesangst bestürmt, für ihn zu beten, die heuchlerische Abbitte: „Verzeih, lieber, goldner Perlendaniel!"

Von einer ganzen großen Zahl nennen wir das Edelste und Köstlichste begeistert Perle.

O Evangelium vom Reich!
Du Perle aller Welten!

ruft Herder aus und hat hiebei wohl an das evangelische Gleichniß von der Perle gedacht, um welche der Kaufmann alles verkaufte, was er hatte. Heinse nennt Naxos „die schönste Perle aller Inseln," und

Perle meines Reichs!

wird von seinem dankbaren Fürsten der Cid lobpreisend angeredet.

O Perle meiner Werke, Weib!

ruft der in sein Geschöpf Semele verliebte Zeus. „Die Perle ihres Kreises" rühmt Hackländers Galanterie eine gefeierte Dame. Noch höher schwingt sich Heine im Romanzero auf, wo die Geliebte inbrünstig angerufen wird:

Perl' und Blume aller Schönheit!

Und wer denkt nicht heutzutage unwillkürlich an Windthorst, „die Perle von Meppen?"

Schon die noch in ihrer Doppelschale eingeschlossene Perle wird als Bild verwendet; Goethe dichtet in einem der Epigramme aus Venedig:

Welch ein Mädchen ich wünsche zu haben? ich hab' sie..
An dem Meere ging ich und suchte mir Muscheln, in einer
Fand ich ein Perlchen, es bleibt nun mir im Herzen verwahrt.

Jean Paul hat das edel gedachte, aber wehmüthige Bild erfunden: „Jene Perlenfischer, die den lieben Wesen wie den Perlenmuscheln nur die Perle, nämlich ihr Herz oder gar ihre Ehre ausbrechen, um sie nachher leer und wund auf die Perlenbank zurückzuwerfen." Fluch dem Verführer, der dem Vater einer so mißhandelten Tochter „eine Perle aus seiner Krone gestoßen hat."

Auch als Glied einer Perlenschnur, deren einzelne Glieder sich eben durch Schönheit und Gleichförmigkeit auszeichnen, wird die Perle zum Vorbilde. In Wilhelm Meisters Wanderjahren wird eine Näherin gerühmt, „die reinlich näht wie keine, Stich für Stich, wie Perlen." Besonders gern wird eine Reihe blendender Zähne mit Perlen verglichen

Die Jungfrau .. läßt aus Perlen und Korallen
Den süßen Laut nur abgebrochen tönen

singt Streckfuß im rasenden Roland mit Hinzufügung des ebenso anmuthigen Bildes von den Korallenlippen.

Zu den schönen Bildern, wofür die Perle dient, gehört auch das eines Tropfens. Wer denkt hier nicht gleich an Schillers Räthsel vom Regenbogen:

> Aus Perlen baut sich eine Brücke.

In Schlegels Uebersetzung von Heinrich V. heißt es:

> Daß Perlen Schweißes auf der Stirn dir standen

und Baggesen sagt noch gedrängter: „Die Stirne perlt."
Sehr häufig werden die Thränen damit verglichen:

> Die feinsten Perlen, deine Thränen find's

singt Platen zur Geliebten.

> Verweint sind deine Perlen schon,
> Der Ring, der Ring ist hin!

wehklagt bei Bürger das arme Suschen nach einem Traume, worin sie ihren falschen Geliebten den Treuring zerbrechen sah.

> Laß der feuchten Perlen
> Ungewohnte Zier
> Freudenhell erzittern
> In den Wimpern mir!

fleht freudetrunken Chamisso.

> Wie große Perlen ihr in beiden Augen stehn!

malt Wieland von seinem durch des knieenden Sinibald Angriff auf ihr Herz schon halb besiegten Röschen. „Thränen perlen an den Augenwimpern", erzählt Musäus, und Heine im Salon:

> Es perlt still von deinen Wangen.

Dann in den Reisebildern malt er Francesca's bethräntes Antlitz mit folgenden Strichen: Es gleicht einer sehnsüchtig weißen Rose „angeperlt vom Thau der Nacht." Und wie ergreifend schön ist der Vers aus Schlegels Gedichten:

> Vom Thaue banger Scham beperlt die Wangen.

Mit dem darin liegenden Doppelbilde kommen wir an die ebenso malerische Anwendung auf Thau- und Regentropfen.

> Wenn morgen Phöbe die begrünten Auen
> Mit ihrer Perlen feuchtem Schmuck bethaut

lautet Lysanders blumige Schilderung der Nacht im Sommernachtstraum nach Schlegel, und eine andere von Voß:

> Rings umher vom Thaue naß
> Perlt und funkelt Laub und Gras.

> Unter Iris' schönem Bogen blühte
> Reizender die perlenvolle Flur

in Schiller's (erste Ausgabe) noch von den Göttern Griechenlands durchgeistigter Natur.

So wird das Bild weiter auf sich bewegende Flüssigkeiten übertragen, die sich ja immer leicht in Tropfen auflösen. Hier ist es wieder ein Lied von Schiller, die vier Weltalter, dessen erste Zeile jedermann im Gedächtnisse schwebt:

> Wohl perlet im Glase der purpurne Wein —

Chamisso lädt die Trinker:

> Schenkt den Wein
> Perlend ein!

Von einem noch edlern Safte erzählt Ruge in den Revolutionsnovellen: „Indem das Blut ihrer zarten Hand darüber perlte 2c." Der nicht sehr bekannte Brockes schildert ein malerisch Gestade:

> Das zitternde Glänzen der spielenden Wellen
> Versilbert das Ufer, beperlet den Strand.

Von wirklichen Tropfen pflanzt sich der Ausdruck fort auf Tropfenflecken. In den Katalogen unserer zahlreichen Geflügelausstellungen figuriren „geperlte Haushühner" und die ausländischen acclimatisierten „Perlhühner."

„Perlmutter oder Perlenmutter" heißt bekanntlich die farbenspielende Muschelschale, welche die Perlen umhüllt und sie gleichsam gebiert. Howard, als Erfinder einer Theorie über Wolkenbildung, schreibt an Goethe über sich selbst symbolisch: Da mein allzu parteiischer Freund nun gesehen „wie die Perle, die er schätzt, aus der Muschel genommen worden, und nun auch die Schale gefischt, um sie als Perlmutter in seinem Kabinett aufzustellen, so möchte er vielleicht unangenehm überrascht sein, wenn es doch nur zuletzt eine Austernschale wäre."

Noch poetischer, als die zu Anfang stehende, ist eine Erklärung Heine's vom Ursprung der Perle, worin er der Perlmutter die Hauptrolle zuschreibt:

> Ein Himmelstropfen sank ins Meer,
> Schnell schwamm die Perlenmutter her
> Und trank ihn auf.

Dieselbe Zauberwirkung schreibt Uhland dem Maienthau zu:

> Wenn den Thau die Muschel trinket,
> Wird in ihr ein Perlenstrauß!

Als vor einigen Jahren eine junge, ausnehmend schöne Ostfriesin mit ihrer Mutter nach Göttingen zog, nannten die Studenten sie halb bezaubert, halb scherzhaft „die Perle von Ostfriesland" und ihre Mutter dann „die Perlmutter."

Citaten- und Sentenzen-Register.

A.

Ach Herr, man krümmt ꝛc. (Goethe) . 31
Allemſig müßt ihr ſein ꝛc. (Goethe) . 16
Alles hängt von den Eindrücken ab, die
   ſein wächſernes Gehirn ꝛc. (Wie-
   land) 15
Alles, was Pervont damit gewann,
   die ꝛc. (Wieland) 27
Ameiſe 11
— nfleiß 15
— n, die, ein ſchwach Volk, dennoch
   ꝛc. (Salomo) 15
Ameiſen, die haben auch ihre Galle . 16
Aemſe, ämſig 16
Arachne 24
Aus dem Wege, ihr kleinen ꝛc. (Weiſe) 38
Aus Perlen baut ſich eine Brücke ꝛc.
   (Schiller) 47

B.

Berauſcht von Lippenhonig ꝛc. (Daumer) 14
Beſſer Fliegen gefangen ꝛc. 20
Bien, der 13
—, — muß 13
Biene 11
—, eine, iſt ſo gut wie eine Hand
   voll Fliegen 13
Bis ſie dem Wurme gleich ꝛc. (Wieland) 7
Biſt du es, der von meinem Hauch um-
   wittert ꝛc. (Goethe) 4
Biſt du zu ſteif? kannſt nicht ꝛc. (Auer-
   bach) 39
Blutegel 5
—, wie die, ſich in Seelen einbeißen
   ꝛc. (Schiller) 5

C.

Chryſaliden 7

D.

Da mein allzu parteiiſcher Freund nun
   ꝛc. (Howard) 48
Da ward das Männlein ſo roth am ꝛc.
   (Goethe) 38
Darüber hat er Teufelsgrillen ꝛc. (Leſſing) 28
Das erſte Flügelregen ꝛc. (Geibel) . . 10
Das ganze Dorf grilliſierte ꝛc. (Bur-
   mann) 28
Das gute Geſchöpf wand ſich wie ein
   Wurm ꝛc. (Goethe) 3
Das Recht hat eine wächſerne Naſe,
   die ꝛc. 15
Das Verſailles, zu dem ihre alte, räuche-
   rige Stadt ꝛc. (Prutz) 10
Das wurmte beim alten Karl (Schiller) 3
— und nagte an ſeinem ꝛc.
   (O. v. Horn) 3
Das zitternde Glänzen der ſpielenden
   Wellen ꝛc. (Brakes) 48
Daß Perlen Schweißes ꝛc. (Shakeſpear
   v. Schlegel) 47
Daß, wenn endlich ſpät die allgemeine
   Pauſe ꝛc. (Gotter) 36
Den erſten beſten Lausangel (Heine) . 35
Den ganzen Winter lag die ſchöne Fluß-
   nymphe im ꝛc. (Kohl) 10
Den Göttern gleich' ich nicht! ꝛc. (Goethe) 4
Den Tummler zu tummeln ꝛc. (Rückert) 12
Denkt euch eine melancholiſche, verdrieß-
   liche ꝛc. (Diderot v. Goethe) . 26
Der Bär ging langſam ꝛc. (Lichtwer) . 27

Die niedere Thierwelt im Dichter- und Volksmunde.   4

	Seite
Der Gottfried hatte dem Müller auch so einen Floh ꝛc. (O. v. Horn)	32
Der ich doch vergehe wie ꝛc. (Hiob)	30
Der Kukuk behält seinen Gesang ꝛc.	37
Die alten Herren konnten regieren, seitdem ꝛc. (Gotthelf)	35
Die Arbeiten dieser Oberspinnen ꝛc.(Kohl)	24
Die Buben sind den Hummeln gleich ꝛc. (Bürger)	12
Die feinsten Perlen, deine ꝛc. (Platen)	47
Die ihr Mücken seihet und ꝛc. (N. Testament)	17
Die Jungfrau läßt aus Perlen ꝛc. (Streckfuß)	46
Die keusche Luna launet grillenhaft (Goethe)	28
Die Maßlieben dringen wie Ameisen aus ꝛc. (Goethe)	16
Die schlechtsten Früchte sind es nicht ꝛc.	11
Die weiße Hand das Einzige von Seide (Herwegh)	9
Die weltberühmten Perlen ꝛc. (Heine)	45
Dir die Grillen zu verjagen ꝛc. (Goethe)	28
Doch wirst du künftig ohne Leid ꝛc. (Bürger)	14
Drohnen	13
— darf kein Staat anziehen (Jahn)	13
—, Gesellschafts-, die vom todten Ertrage des ꝛc. (Gutzkow)	13
Du bist der Erste, der selbst fähig ist, wie die Spinne ꝛc. (Thümmel)	24
Du bist eine unschuldige, schwärmerische Motte ꝛc. (Wieland)	31
Du bist so wächsern nicht ꝛc. (Hölderlin)	15
Du hast an eigner Brust den Krebs ꝛc. (Platen)	39
Du hast prophezeit, es käm' die Zeit ꝛc. (Shakespear)	24
Du in eine Spießbürgerlarve durch ꝛc. (Zschokke)	9
Du verspottest Andere, wenn du ein Nißchen ꝛc. (Heinse)	35

E.

	Seite
Eh' sich des Alters Spinne schlich ꝛc. (Hungari)	24
Eher gäb' ich auch mein Leben hin ꝛc. (Herder)	11
Ei, wer wird so grillig seyn ꝛc. (Benedix)	28

	Seite
Eile mit Weile!	41
Ein Himmelstropfen sank ins Meer ꝛc. (Heine)	48
Ein melancholisch Heimchen zirpt (Hölty)	26
Eine Thorheit mehr verliert sich ꝛc. (Hebel)	31
einpuppen, sich	9
eingepuppter, als ein, Schmetterling sich durchbeißen (Tieck)	10
einspinuen	9
einspinnen, sich	9
entpuppen, sich	10
— aus Klerikern in rothglänzende ꝛc. (Schücking)	10
Entpuppung, ihre (Kohl)	10
Er denkt, der Musen Honig fließe ꝛc. (Wieland)	14
Er flattert um seine Schöne wie ꝛc. (Rabener)	31
Er gewann einige Fassung, die dem noch fortwurmenden ꝛc.(H. König)	3
Er ist nicht auf immer begraben ꝛc. (Claudius)	28
Erzschuftiger, laufiger ꝛc. (Shakespear v. Schlegel)	35
Es geht in einem dahin, sagte der Regenwurm ꝛc.	5
Es gibt Leute, die das Gras wachsen sehen ꝛc. (O. v. Horn)	33
Es gleicht einer sehnsüchtig weißen ꝛc. (Heine)	47
Es ist all und überall Lumperei u. ꝛc. (Goethe)	35
Es ist zu gewinnen — wie Honig von ꝛc.	14
Es perlet still von deinen ꝛc. (Heine)	47
Es vertreibt die Motten ꝛc. (Gutzkow)	30
Es wurmt und ärgert ihn (Blumauer)	3

F.

	Seite
Fäden, in denen das Herz sich einzuspinnen liebt (Gutzkow)	9
Fischeli zu Morgen und ꝛc. (Gotthelf)	38
Fliege	17
— die, an der Wand ärgert ꝛc.	17
— die, setzt sich immer auf ein mager ꝛc.	20
— die, wenn nisten will, sucht sie viel ꝛc.	19

	Seite
fliege, eine, war er, die sich auf Alles ꝛc. (Arndt)	19
— eine, wie, das Licht, liebte ich ꝛc. (Hölderlin)	19
— einer, daß es im Auge weh gethan hätte ꝛc. (Gotthelf)	17
— welche, sticht Euch? (Goethe)	20
— wie die, aus der Buttermilch, kam er ꝛc.	19
— wie eine, matt (Luther)	18
fliegen, die, husten hören	19
— fängt man mehr mit einem Tropfen Honig als ꝛc.	19
— feiste, stechen minder	20
— hungrige, stechen übel	20
— und Freunde kommen im ꝛc.	19
— was, lockt, das lockt auch ꝛc.	19
— wie die, hinsterben	18
— zwei, mit einer Klappe ꝛc.	20
— fürst, -gott	18
— schwamm, -stein	20
— Eintags-	21
— — schaft, über das Niveau nordischer ꝛc. (Scherr)	21
Floh	32
— der, je fetter, je magerer der ꝛc.	32
— einen, jemanden ins Ohr setzen	32
Flöhe, die, husten hören	33
—, einen Sack voll, will ich lieber hüten ꝛc.	33
Fröhlich Herz bezwingt den größten Drachen ꝛc. (Scheffel)	18

G.

Gehe hin zur Ameise ꝛc. (Salomo)	15
Gleich dem Egel, der ꝛc. (Wieland)	5
Grille	26
—, eine, schnurrt mir im Oberhaus (Mörike)	26
Grillen fangen, haschen	27
— füttern	26
—, hundert, mache ich mir (Goethe)	27
—, seinen, nachhängen, sich machen	27
—, tausend, macht sich (Goethe)	27
— verjagen, vertreiben	27
—, von, ein ganzer Schwarm (Göckingk)	26
— fänger,	27
—, —, der ewige bist du (Schiller)	27

	Seite
Grillenfänger, Grübler und ꝛc. (Kant)	27
—, —, Ihr Herren, könnt freilich mit ꝛc. (Lessing)	27
—, Grämel- (Scherffer)	28
—, Künstler- (Goethe)	28
grillen, grillisiren	28
Grille nicht bei Sommersonnenschein (Goethe)	23
grillenhaft, grillig	28
— er Alter (Engel)	28
— es Gesetz (Schiller)	28
— es Thier (Wieland)	28
grilliger Kauz (Aristophanes v. Wieland)	28
grillige Theoristen (Goethe)	28

H.

Ha! wenn sie euch unter dem Beile so zucken ꝛc. (Schiller)	18
Hab' in Italia die Pfaffen gelaust ꝛc. (Goethe)	36
Haschet das Vergnügen ꝛc. (Tiedge)	10
Hat doch der Wallfisch seine Laus ꝛc. (Goethe)	34
Heimchen	26
Honig	14
— ist der Mücken Tod	14
— fein, ohne Gift	14
— und Honigseim, süßer als	14
—, wer lecken will, muß der Bienen Stachel nicht scheuen	14
—, wer sich zu, macht, den benaschen die Fliegen	14
—, wer viel schleckt, muß viel Wermut schlingen	14
—, wer will, muß der Bienen Sumsen leiden	14
— monate, -wochen	14
— —, die meiner jungen Freiheit, welche ꝛc. (Immermann)	14
— rede eitel, ist nicht ohne Gift	14
— worte	14
— lippen	14
— Zungen-, Herzensgift! (Logau)	14
Horniße	11
Hornissen auslassen	13
—, mit einem Nest voll, sich abgeben (Herder)	13

4*

	Seite
Hummel	11
—, eine wilde (Scherr)	12
—, liederliche, du! (Gutzkow)	12
Hummeln, die, seines Staats ꝛc. (Wieland)	12
Hungrige Flöhe ꝛc.	32

J.

Ich brauche keine Hummeln in meinem Bienenstocke	13
Ich trage meine Puppen von einem Tisch zum ꝛc. (Forster)	15
Ihr wißt ja, was mich wurmisch machte ꝛc. (Lessing)	3
Im Fleiß kann dich die Biene meistern (Schiller)	13
Immen, den, muß man die Waben nehmen	13
—, die, können das Fluchen nicht leiden	13
In dem heftigsten Husten ꝛc. war ich stille wie eine ꝛc. (Goethe)	43
In dem Thore eines Gasthofs glaube er immer ein großes Spinnengewebe ꝛc. (Goethe)	12
In meinem Vater wurmt ꝛc. (Tieck)	3
In platon'scher Liebe ꝛc. (Platen)	9
In Sammet und in Seide ꝛc. (Goethe)	9
Indem das Blut ihrer zarten Hand ꝛc. (Ruge)	48
Ist es nicht Staub, was ꝛc. (Goethe)	31
Jene Leichen, sie sind ein Raub der Motten ꝛc. (Platen)	30
Jetzt fliegt man nicht zum Zwecke ꝛc. (Uhland)	41
Junge Gatten, die mit nicht genugsamen Gütern versehen ꝛc. (Goethe)	14
Just zur Stunde süßen Mittagschlummers ꝛc. (Scheffel)	18

K.

Krabbe	38
—, die, hole, Mutter ꝛc. (Tieck)	39
—, die, muntre soll zwei Pferde mir ersparen ꝛc. (Schiller)	39
—, du, soll ich dich an ꝛc. (Alexis)	39
—, eine süße (Mörike)	39
Krebs	37
—, den, straft man nicht mit ꝛc.	38

	Seite
Krebs, der, der Verflachung ꝛc. (Devrient)	39
—, einen, im Beutel haben	38
—, wie einer, roth werden	38
Krebse, im, gehen (Gotthelf)	37
Krebse	37
—, die kleinen, und Fische sind die besten, wenn ꝛc.	38
— man ißt ꝛc.	38
—, kleine	38
Krebsgang, den, gehen	37
—, —, gewinnen (Luther)	37
Krebse, Butter-	38
krebseln	39
krebsen	39
—, heraus-, alle Klöße aus der ꝛc.	39
—, herum-, barfuß unter den ꝛc. (Gutzkow)	39
verkrebst, als Ladenhüter ꝛc. (Pröhle)	37
zusammengekrebste Leibgarde (Fr. Müller)	39
Krebsin, eine kokette, die ꝛc. (J. Paul)	37
krebslings	39
— entgegen! ꝛc. ((Dingelstedt)	40

L.

Land, darin Milch und Honig fließt	11
Laß der feuchten Perlen ꝛc. (Chamisso)	47
— mich mitlaufen! bittet ꝛc.	41
Laus	34
— eine, besser im Kraut als ꝛc. (Gotthelf)	34
— eine, einem anhängen	34
— —, im Ohre haben	34
— eine, ist ihm über die Leber gekrochen (Kinkel)	35
— eine junge wie, auf einem alten Spittler ꝛc.	34
— eine, könnt' man auf dem Fleisch ihr knicken	36
— eine, schinden	35
— einer, ein paar Stelzen machen	34
— aus einer, ein Kameel machen	34
Läuse flöhen meine Lieder ꝛc.	36
— hat der Pelz (Seydelmann)	34
Lausangel	35
— bube	35
laufen	35
—, die Kolbe den Narren (Luther)	36
—, einem den Beutel	35
—, mit Kolben	36

laufen, mit Kolben, die Narren . . .	36
—, — — einen Feind . . .	36
Laufer	35
— einem, steht's nicht wohl an, daß ꝛc. (J. Sirach)	35
Lauferei	35
lausichte Gelbschnäbel (Wieland) . .	35
lausig	35
lausige Anerbietungen des ꝛc. (Platen)	35
lausigen Häringen begegnete ich ꝛc. (Heine)	35
Leo ziehet den Krebs ꝛc. (Glaßbrenner)	40
Lieber Motten in den Kleidern als ꝛc.	30
Lieber will ich zehn Horniffen ꝛc. (Wieland)	13

M.

Man ist es von der Raubbegierde der gelehrten Hummeln ꝛc. (Mendelssohn)	12
Man soll solchen Plaudern ꝛc. (Fischart)	36
Mein Herz ist weiches Wachs in ihrer Hand (Schiller)	15
Mein Vater war ein dunkler ꝛc. (Goethe)	28
Meine letzten Worte verdarben alles ꝛc. (Wieland)	42
Mich faßt ein Mitleid, stolzer Knabe ꝛc. (Scheffel)	18
Mir ist, als müßte ich mit einem Mückenplätscher ꝛc. (Brentano) .	21
Mir sollte der Fürst und ꝛc. (Schiller)	26
Mir wächst vom süßesten der Triebe ꝛc. (Bürger)	14
Mit Geduld und Spucke (Spucke) ꝛc. .	20
Mit Geduld und Zeit ꝛc.	8
Motte	30
Motten, alle die, und Marotten ꝛc. .	30
—, den, ꝛc. bleiben seine Folianten (Waldau)	30
Mucke, eine, noch nie bekehret (Luther)	17
Mucken, alle die alten hatte der wetterwendische Monat ꝛc. (O. v. Horn)	21
—, die, will ich dem Vetter ꝛc. (Gotthelf)	21
—, ihre, hat die Nordsee ꝛc. (O. v. Horn)	20
—, Bauern-, dem Paul auszutreiben (Ch. König)	21

Mucken, Hochzeits-, sich aus dem Kopfe zu schlagen (Höfer)	21
Mücke . . . . 17. 21.	22
—, aus einer, einen Elephanten machen	17
—, die, fliegt so lange ums Licht, bis sie sich versengt	19
—, die, hat auch ihre Milz . . .	19
—, die, wenn ein Hühnerei legen will, ists ꝛc.	19
—, eine, nicht einmal bringt Beinahe um	20
—, fliegende	21
—, —, bemerkte nur eine ꝛc. (Gnßkow)	21
—, vor der, muß sich auch der Löwe wehren	18
Mücken, allerlei, flogen ihn nach und nach ꝛc. (Gotthelf)	20
—, ausjagen aus Uli's Kopf . .	20
—, die, sehen alle einander gleich .	18
—, hungrige, beißen schlimm . .	20
—, wie die, umfallen	18
— zu Kameelen machen	17
Mückenfänger	21
—, ein, ein Pedant (Wieland)	21
Mückengift	20
— schwarm, beschwerlicher, der Höflinge (Wieland)	18
Mütterchen, bringt uns ein Gläschen ꝛc. (Voß)	27

N.

Nach Italien habe ich keine Lust, ich mag die Raupen ꝛc. (Goethe) .	7
Nicht immer gleich ist ein galantes Mädchen ꝛc. (Goethe)	44
Noch spuckt der Babylon'sche Thurm ꝛc. (Goethe)	2
Nur mit dem Grillenfänger ꝛc. (Goethe)	27
Nur nicht so ängstlich! sagte der Hahn zum Regenwurm ꝛc.	5

O.

O Evangelium vom Reich ꝛc. (Herder)	46
O Perle meiner Werke ꝛc. (Schiller) .	46
O was haben Sie, Schmetterling ꝛc. (Bürger)	10
Ob es Schnecke, ob ꝛc. (Rückert) . . .	12

P.

	Seite
Paar an Paar schleicht leis' und schneckenhaft ꝛc. (Wieland)	43
Perle	45
—, die, ihres Kreises (Hackländer)	46
—, die, schönste aller Inseln (Heinse)	46
—, eine, jemanden aus seiner Krone stoßen	46
— meines Reichs! (Herder)	46
— von Meppen	46
— von Ostfriesland	48
Perl' und Blume aller Schönheit! (Heine)	46
Perlen, die, sollt ihr nicht vor die Säue werfen (N. Test.)	45
—, die, vor die Pfleglinge des verlornen Sohns werfen (J. G. Müller)	45
— im Koth haben keinen ꝛc.	45
—, wie, Stich für Stich ꝛc. (Goethe)	46
Perlendaniel (Schiller)	46
Perlenfischer, jene, die den lieben Wesen wie ꝛc. (J. Paul)	46
Perlchen	46
Perlhühner	48
Perlmutter, Perlenmutter	48
perlen (Baggesen)	47
—, Thränen, an dem ꝛc. (Musäus)	47
geperlt	48
Puppe	7

R.

Raupe	7
—, die garstige (Spindler)	8
—, —, soll uns in Frieden lassen ꝛc. (Spindler)	8
Raupen, alle, die ein Mensch im Kopfe ꝛc. (Spielhagen)	8
—, der wegen, darf man den Baum nicht umhacken	8
Raupe, Kien-, der Bibliotheken! ꝛc. (Tieck)	8
Rings umher vom Thaue naß ꝛc. (Voß)	47
Rollende Wecker sind wir, die ꝛc. (J. Paul)	21
Rühme dich, Räuplein, dein Vater war ꝛc.	8

S.

Schaben	31
— krieg die, sollst du kriegen!	31

	Seite
Schätze, welche Motten und Rost nicht ꝛc. (Bibel)	30
Schenkt den Wein ꝛc. (Chamisso)	48
Schlechter Anfang gewinnt ꝛc.	17
Schmetterling	7
—, ein, schweift er um Zwanzig zugleich (Müllner)	10
Schmollt der Mann und grillt ꝛc. (Goethe)	29
Schnecke	41
—, in eine, die Haarflechten gedreht (Paalzow)	43
Schneck, netter (Flieg. Blätter)	43
—, streck deine vier Ohren heraus	42
Schneckchen, fettes	43
—, mein (Bürger)	43
—, wie ein, rund ꝛc. (Langbein)	43
Schnecken eher und Schildkröten als ꝛc. (Heinse)	42
—, wie die, an den Hörnern ein feines Gefühl haben (Goethe)	42
—, wie die, schleichen	41
—, — , schlendert das (Schiller)	41
Schneckengang, gegen den böhmischen ꝛc. (Goethe)	41
—, zum, hat das Gesetz verdorben ꝛc. (Schiller)	41
Schneckenpost	42
schneckenhaft	43
— e Gestalt annehmen (Goethe)	43
schnecken	42
—, daher-, langsam (Wieland)	42
—, nach-, einem andern (Langbein)	42
—, er-, ihr Ziel ꝛc. (Jahn)	42
Schnell die gesellige Menge, zu ꝛc. (Goethe)	16
Seht mir doch mein süßes Kind ꝛc. (Bürger)	43
Seide	8
—, mit, näht man keinen groben Sack (Goethe)	8
—, nicht viel spinnen	9
seidene, ihre, Hand (Klinger)	9
Sie machten immer dem Staatskörper einiges Knurren und Wurmen ꝛc. (Droysen)	3
Sie puderte das lange Haar ꝛc. (J. G. Schmidt)	22
Sie sind sich von Natur so spinnefeind ꝛc. (Lichtwer)	23

	Seite
So dürft ihr, statt zu grillen ꝛc. (Blumauer)	28
So spürt Ihr doch, daß das eine andere Art von ꝛc. (Goethe)	38
So stille ward es dann, man hätt' im Saal ꝛc. (Wieland)	24
Sobald die Tageskritik an feinen Worten würmelt ꝛc. (Heine)	3
Sorglos in der Gegenwart eines Mädchens ꝛc. (Goethe)	9
Spinne	23
—, die, saugt Gift, die Biene Honig aus allen ꝛc.	23
—, eine, saugt Gift aus der lieben Rosen (Luther)	23
—, einer, gleich haff' ich sie (Nicolai)	23
—, —, mit der Sauersamkeit (Musäus)	24
—, pfui!	23
Spinnen, allerlei, einem in den Kopf setzen (Hackländer)	25
Spinnenfeind	23
Spinneweben	24
— sind noch keine darüber	25
Spinne, Kreuz-	24
spinnen	24
— des Kätzlein (Beck)	25
Streng büßt' ich's ab mit allen ꝛc. (Schiller)	2

T.

| Tausend Fliegen hatt' ich am Abend erschlagen ꝛc. (Goethe) | 20 |

U.

Um so ein paar tausend lausige Ducaten (Schiller)	35
Und kümmert die Ameisen, die ꝛc. (Goethe)	16
Unter Iris schönem Bogen ꝛc. (Schiller)	47

V.

Verbiete du dem Seidenwurm zu spinnen ꝛc. (Goethe)	9
Verpuppt in einen Fischer ꝛc. (Goldammer)	9
Verständig, ruhig, gut in einem Augenblick, konnte ꝛc. (Goethe)	42
Verweint sind deine Perlen ꝛc. (Bürger)	47
Vom Thaue banger Scham beperlt ꝛc. (Schlegel)	47
Vorwärts wie ich! ruft der Held ꝛc.	37

W.

	Seite
Wachs	15
Wachs, das, schmilzt noch beim ꝛc.	15
Wachs, bleich wie (Wieland)	15
Wachsweich	15
Wächserne Federn klebt an den Nacken ꝛc. (Platen)	15
— Schulter (Wieland)	15
Wandle den Wurm wieder in ꝛc. (Goethe)	4
Waren ihm doch mit den ersten Strahlen des Glücks alle Mücken ꝛc. (Arnim)	20
Warum denn, wenn ein Krebs an deiner Seele nagt ꝛc. (Wieland)	39
Warum magst du gewisse Schriften nicht lesen? ꝛc. (Goethe)	9
Was den Käfern entrinnt, fressen ꝛc.	8
— die Raupen lassen, das ꝛc. (Joel)	8
— einem nicht beschert ist, das führt eine Mücke ꝛc.	17
— er fortzutragen die Kraft hat, minder ꝛc. (Chamisso)	3
— gewännest du dabei ꝛc. (Wieland)	27
Weißer war als Wachs die kleine runde Hand (Wieland)	15
Welche Perle warf ich hin! ꝛc. (Schiller)	45
Welch ein Mädchen ich wünsche zu haben? ꝛc. (Goethe)	46
— Mädchen ist kein Schmetterling? (Gotter)	10
Wenn den Thau die Muschel trinket ꝛc. (Uhland)	48
— die Schwalben fliegen ꝛc.	19
— ich oft so sitz' und Mücken fange ꝛc. (Blumauer)	21
— im nächsten Jahre mein Blutegel, gen. Wittwenkasse ꝛc. (K. Vogt)	5
— morgen Phöbe die begrünten Auen ꝛc. (Shakespear)	47
— nun ihr wächserner sterblicher Leib ꝛc.	15
— sie gar zu steif, mit Schneckenschritt ꝛc. (Bürger)	42
Wer borgt ohne Bürgen und Pfand ꝛc.	2
— im Handeln ein Schneck ꝛc. (Gutzkow)	42
— kann der Raupe, die ꝛc. (Goethe)	7
— seine Frau belauscht ꝛc. (Müllner)	32

	Seite
Wer seine Verdienste in Kleidern hat ꝛc.	30
— sich Accisoren setzen läßt, braucht ꝛc.	6
— — mit Hunden niederlegt ꝛc. (Heine)	33
— wird bei vollen Flaschen ꝛc. (Wieland)	27
— wollte sich mit Grillen plagen ꝛc. (Hölty)	26
Wespe	11
—, eine verboste poetische, wie weit die Rache ꝛc. (Wieland)	11
—, wie bei einer, muß eine Taille sein (Gutzkow)	11
Wespen, die großen, lassen sich endlich doch aus dem Loche ꝛc. (Lessing)	12
— nest, in ein, stechen	12
— stiche	12
— taille	11
Wie alt wurde er denn, der kleine Wurm? (Gutzkow)	4
— der Vetter die blonde Schönheit mit ꝛc. (Goethe)	12
— frömmelnde Richtungen sich ꝛc. (Gutzkow)	10
— gefallen dir feine Soldaten? ꝛc. (Goethe)	38
— große Perlen ihr in ꝛc. (Wieland)	47
— im Auge mit fliegenden Mücken ꝛc. (Goethe)	21
— in der Jugend auch als Raupe kriecht ꝛc. (Rückert)	7
— kommen wir durch? Wann ꝛc. (Voß)	16
— leicht, wenn Jäger uns entdecken ꝛc. (Ramler)	4
— nur dem Kopf nicht alle Hoffnung schwindet ꝛc. (Goethe)	5
Wir Frauen, wenn uns der Fürwitz ꝛc. (Mörike)	39
— knicken und ersticken ꝛc. (Goethe)	32
— müssen fleißig sammeln, wie die Ameisen (Forster)	15
— wollen darüber nicht weiter grillisiren ꝛc. (Goethe)	23
— wollen das Volk aufwecken; denn ꝛc. (Börne)	18
Wird sie aber schon wieder dafür laufen (Goethe)	36
Wirf nicht für eiteln Glanz und Flitterschein (Schiller)	46

	Seite
Wo es sich allzu deutlich weist ꝛc. (Goethe)	18
Wohl perlet im Glase ꝛc. (Schiller)	48
Wollt' euern Weibern die Mücken wehren ꝛc. (Goethe)	20
Wurm, armer, der kümmerlich mit ꝛc. (Immermann)	4
—, den, der in der Hirnschale mit sich ꝛc. (Freitag)	2
—, den quälenden, habe ich in ꝛc. (Chamisso)	2
— den, wenn man tritt, krümmt er sich	3
— der, der das Herz mir frißt ꝛc. (Chamisso)	2
— der, des Gewissens, daß er mich um ꝛc. (Schiller)	2
— der feige, der Even tückisch einst den Apfel ꝛc. (Rosegarten)	1
— der Schönheit (Shakespear)	2
— der, hat auch seine Galle	3
— ein, wie sich krümmen und winden	3
— einen, was man nennt, ist ꝛc. (Kant)	2
— nagender, du der Tugenden ꝛc. (Tieck)	2
— seinen, hat jeder	2
— vom tödtlichen, gestochen war ꝛc. (Goethe)	1
— zehrender, jeder Geistesblüthe (Schiller)	2
—, Akten-, erschrockener ꝛc. (Gutzkow)	4
—, Band-	5
—, —, keinen mehr zehrenden ꝛc. (J. Paul)	5
—, —, wie sich der abgetriebene ꝛc. (Börne)	5
Wurm-, Band-, artige	5
—, —, Bücher	4
—, Hunger-, der, dehnte sich achtzehn Ellen lang durch ꝛc. (Musäus)	2
—, Lind-	1
—, —, das ist der ꝛc. (Schiller)	1
—, — s, des, in die Thür trat er (Freytag)	1
—, Regen-	5
—, —, mit dem, der so glatt ꝛc. (Goethe)	5
—, Reiß-, der, ist darin	2

	Seite		Seite
Wurm, Seiden-	8	Würmer, die, aus der Nase ziehen	6
—, Todten- der, pickt schon darin ꝛc. (Eichendorff)	3	—, die nie sterben können	2
Wurms des, Kopf war das (Schiller)	5	wurmen	3
wurmfräßig, -stichig	2	wurmisch	3
— sind die Zeiten (Geibel)	2	wurmisiren	3
Würmchen	1	wärmeln	3
—, das arme, möge Gott Brod ꝛc.	1	Gewürme, o der armen! (Schiller)	1
—, — —, selbst zu tränken ꝛc.	1	— Menschen-, all dies kleine ꝛc. (Kohl)	1
Würmer	1		

Druck von Fischer & Wittig in Leipzig.